Das Deutsche, ein »Gewirk aus Bewegungen, Tönen, Gerüchen, Kopf- und Körperhaltungen, aus Augenblicken, Augenfarben, Mundregionen und Wangenleuchten«: so sinnlich hat es sich dem neunjährigen Kind nach dem Umzug aus Jugoslawien dargestellt und gleich, trotz vieler Widerstände, wie ein »wärmendes Kleidungsstück« um sie gelegt. Lag es am Widerstand oder an der Wärme, dass Marica Bodrožić Schriftstellerin geworden ist? In »Sterne erben, Sterne färben« beschreibt sie ihren Weg von den Lücken zu den Wörtern, vom stockenden Atem zum Leben selbst.

»Diese Prosa ist durch und durch poetisch.«
Frankfurter Allgemeine Zeitung

MARICA BODROŽIĆ kam 1973 in Dalmatien zur Welt. 1983 siedelte sie nach Hessen über. Sie schreibt Gedichte, Romane, Erzählungen und Essays. Für ihre Bücher erhielt sie zahlreiche Preise und Stipendien, darunter den Förderpreis für Literatur der Akademie der Künste in Berlin, den Kulturpreis Deutsche Sprache, den Literaturpreis der Europäischen Union und zuletzt für den Band »Mein weißer Frieden« den Literaturpreis der Konrad-Adenauer-Stiftung 2015. Marica Bodrožić lebt als freie Schriftstellerin in Berlin.

MARICA BODROŽIĆ BEI BTB
Das Gedächtnis der Libellen
Kirschholz und alte Gefühle
Tito ist tot
Die Rebellion der Liebenden

Marica Bodrožić

Sterne erben,
Sterne färben

Meine Ankunft in Wörtern

btb

Für Zdravka.
Für Ivan.
Und für unsere Eltern.

Die meisten von uns kennen die Eltern und Großeltern, von denen sie abstammen. Aber die Linie unserer Vorfahren reicht weiter zurück, bis ins Unendliche; bei jedem von uns reicht sie zurück bis zum allerersten Anfang; in unserem Blut; in unseren Knochen, unseren Köpfen ruht die Erinnerung an Tausende lebender Wesen.

V. S. Naipaul

In der Sprache zu sein heißt gewissermaßen, diese Blasen, die an der Oberfläche platzen, in sich aufsteigen zu lassen, als wäre man selbst nichts als Brandung.

Georges-Arthur Goldschmidt

Grenzen,
Sperren,
Drähte,
Reisepässe.
Und bis zum Ende der Erde
ohne Mauern
schwebt die Schwalbe,
schweifen die Füchse.

Fuad Rifka

1

Das Erzählen aus der Geschichte des menschlichen Herzens ist eine Befreiung aus der Umzäunung der Biographie. Die deutsche Sprache baut in mir an einem Gerüst, an einem Lobgesang; an der Erinnerung der Seele. Der Bildteppich bekommt in meinem Inneren ganz eigene Ohren. Europa wird der Kopf, in dem das Gedächtnis sich ankleiden kann wie ein Mensch. In den Bildern wohne ich, als eine mit allem Inneren und Äußeren verwandte Haut.

Die Kindheit führte sich erstmalig als Name in der deutschen Sprache spazieren. Der eigene Name wurde dabei ein mit Buchstabenbackpulver zu erobernder Planet. Die Selbstverständlichkeit, mit der die Wälder des Slawischen in mir liegen, wird mir erst im *Schreibengehen* bewußt. Dieses Unterpfand, das immer aus der ersten Sprache herauftönt und mich endlich zu jemand macht, der etwas von sich *sagen* kann. Aber erst in der deutschen Sprache wird mein eigenes Zuhause für mich selbst hörbar.

Die Buchstaben sind ein Vorzimmer Gottes, in dem sich mir mein eigenes Träumen, die Biographie meiner vormenschlichen Herkunft erzählt. (Habe ich eine Herkunft und gehe ich irgendwo hin?) Das *und* verbindet nicht nur mich und den Satz, näht nicht nur die Lücken in eins, es ruft die Möglichkeit einer fortwährenden Erzählung herauf. Und ist das Versatzstück des Atems, in dem sich eins in eins fügt, ganz auf die Weise der unsichtbaren Welt, nur daß in den Buchstaben beim Erschreiben der Welt diese Hand plötzlich sichtbar wird, die Lungen der Wörter ermunternd und als Jakobsleiter des Sinns.

Die im Gleichmaß lebendig werdende Erzählung spricht zu mir in der deutschen Sprache, ist wie ein Telefonanruf eines lieben Menschen, bei dem ich ein Aufnahmegerät hinstellen möchte, um das Gespräch für immer unverlierbar zu machen. Etwas erzählen zu wollen, das begann mit dem Wunsch, etwas bewahren zu wollen, behüten auch, von meinem Großvater. Wegen ihm nahm ich zum ersten Mal das Erlebnis und Wagnis der Prosa auf mich. Eine im Grunde kindliche Vorstellung brachte mich auf diesen Gedanken, als ich das Leuchten seiner blauen Augen, den rötlichen apfelgleichen Schimmer seiner Wangen eines Tages wie ein Bild vor mir sah, das vielleicht ein großer Maler erschaffen haben könnte, hätte sich ihm die Aufgabe gestellt, die Innerlichkeit an einem menschlichen Gesicht farblesbar zu gestalten. Mein Großvater hatte dieses Gesicht, von dem die Maler träumen. Mir ist es stets als das Inbild von Form und Menschlichkeit erschienen. Mein erstmalig bewußt erlebter Verwandter war nicht ein Mensch. Es war das Gesicht meines Großvaters.

Dieses Bild der unsterblichen Wangen und der in meiner Herzerinnerung fortlebenden blauen Augen habe ich nie in meiner ersten Sprache erinnert. Im Deutschen meldete es sich gleich einem Mitbewohner meines Hauses an und kehrte so lange beharrlich zu mir zurück, bis ich zu einem Stift griff und es zu beschreiben versuchte. Es ist so lange geblieben, bis alles erzählt zu sein schien, was die Farbe von Wangen und Augen mir gesagt hatten, und bis ich verstand, daß der Tod dafür zuständig ist, uns an das gelebte Leben zu erinnern. Er erinnert auch an das Versäumte, an das uns vom Leben Trennende, die Trägheit auch, die uns von der eigentlichen Fähigkeit zu empfinden abhält. Zu empfinden: in der Sprache selbst zu lieben.

In den Sätzen muß der Atem wohnen. Er will das, er ist ein Zuarbeiter des Satzes. Wenn das Herz vor Aufregung klopft oder Tränen selbsttätig die Wangen herunterrollen, geht der Atem ein bißchen schlafen. Der Atem geht, er geht woandershin, vielleicht wird er gerade in diesem Moment von einem anderen Menschen gebraucht, von einer wachsenden Margerite oder einer Katze, die sich einer schlagenden Menschenhand selbstlos zur Verfügung stellt. Die Menschenhand wüßte nichts von sich, wenn sie nicht auch etwas von sich als Stein wüßte, in dem die Hoffnung wohnt und das Metier der Rose.

Während des Atemschlafs können die Buchstaben nicht zueinanderfinden, die Jakobsleiter ruht sich aus. Das Sprachinnere sortiert sich, bringt sich ins Zählbare. Der Stille bedarf es, um die nun dem Menschenohr zugewandten

Buchstaben zu hören, wie sie gehört werden möchten. Der Stille bedarf es, um das Ich und den dazugehörigen Namen auf seine Brauchbarkeit hin zu umpflügen. Und wieder auf eine neue Tonart der Erde zu stoßen. Die rote Erde der Maler lebt im Semikolon, im Punkt, im Komma, im Nichts zwischen Wort und Wort, zwischen Groß- und Kleinbuchstabe.

Dieses Fließen erlebe ich nur in der deutschen Sprache, in der die Wurzeln der Buchstaben ganz mit mir und meinem Nabel verbunden sind. Die Buchstaben sind Bewohner einer inneren Landschaft, in der das Slawische als Rhythmus und als Hintergrundmusik lebt, niemals aber als Chor der Buchstaben, als Singen schon und vielleicht auch als das Innere der Luft.

Die erste Sprache kommt nie aus dem Rund des Nabels. Aber mein Nabel ist auch nicht immer nur rund. Mein Nabel ist wie bei allen Menschen eine runde Narbe in der Bauchwand. Die Ansatzstelle der Nabelschnur. Die Berührungsstelle von *vorher* und *nachher*. Bevor der Nabel ein Nabel war, gab es das althochdeutsche Wort Nabe, ein walzenförmiges Mittelteil des Rades bezeichnete es im neunten Jahrhundert. Mein Nabel ist verwandt mit dem Kreis des Rades. Ob dem Nabel manchmal eng ist in mir?

Nur im Deutschen läßt es sich denken, daß Engel auch etwas mit Enge zu tun haben müssen, einer Enge, die sich in den Buchstaben der Liebe ausdehnt, in die Lebensflure der Imagination, und daß diese Enge zum Menschsein dazugehört, ergänzt und beschirmt vom Buchstaben L, dem sich das Licht von oben her zuspricht, sich aus der Senkrechten in die Waagrechte legend, um der Erde etwas ihr Zugehöriges zu bringen. Lieder aus dem Lichtinneren, Lieder, die in einer direkten Linie zu dem fruchtbaren Land eilen, auf dem die Menschen ihre Häuser, Träume und Schmerzen bauen.

In meiner ersten Muttersprache heißt das Wort für Liebe *ljubav*, auch hier bringt der Buchstabe L es ins Sichtbare, bringt es, so zeigt sich mir dieses Buchstabenbild, hinüber in das Land des Buchstabens J, der zu großen Teilen in der Erde lebt, dort, wo die Wurzeln der Pflanzen und Bäume verwandt sind mit den Küssen, wo sie sich und die Zukunft ihrer Farben besprechen. Dieser Buchstabe begibt sich ins Erdige wie eine Suppenkelle, um später wieder etwas Neues zu werden. Liebe und das Neue sind mir dadurch immer als ein und dasselbe erschienen, weshalb sie auch manchmal weh tun können, in jener ersten, in jener zweiten, mir mich erzählenden und in jeder anderen lebendigen Sprache. (Und sei es auch, daß diese Sprache die reine Stille wäre.)

In den Namen haben sich hin und wieder beweisbare Regungen der ersten Sprache erhalten. *Filomena**, beispielsweise, ist ein Wort, das sich bei mir wie ein Reisekoffer vor die Türen der deutschen Sprache gestellt hat. Das Wort wollte hier wohnen, auf der anderen Seite meiner selbst eine feste Sprachadresse haben, ansprechbar sein, gleich einem ferngereisten Verwandten, der nach der Kenntnis anderer Kontinente nun das Eigentliche erleben muß, sich selbst, als

Mittler zwischen der Vergangenheit und der eigenhändig gebauten Brücke zur Gegenwart.

Als ich meiner Schwester erzählte, diesen Namen für eine literarische Figur gefunden zu haben, lange hatte ich gesucht, Sanja und Paula waren Filomena vorausgegangen, sich aber nicht bewährt, da sagte meine Schwester, Filomena sei in jeder Hinsicht das richtige Wort. Und: »Das war einmal ich, ich selbst bin das einmal gewesen.«

Wo auch immer sich dieses *einmal* für sie befunden haben mochte, ob in einem anderen Leben oder im archivierten Atem aller Namen, die je auf der Erde vergeben wurden, sie hatte einen Echoraum mit ihrer eigenen Stimme betreten, in dem sie für mich endgültig ein erwachsener Mensch geworden war und dem gegenüber ich mich, die ältere Schwester, nun wie jemand fühlen durfte, dem auch das Händereichen und das Schwachsein erlaubt waren. Als Ältere, hatte ich immer gedacht, müßte ich immer ohne Unterbrechung stark sein. Von der Schwester-Stimme kam aber jetzt die Erlaubnis für das Schwachsein. Und auch ihr hiesiger Name forderte dazu auf, der *die Gesunde* bedeutet.

Zdravka heißt sie, und die deutschen Zungen holen sich schon vor dem Aussprechen dieses Namens, bereits in Gedanken einen leichten Muskelkater, dort, wo alle Gedanken beginnen, an jenem Ort, an dem die Menschen sich gleichermaßen vor sich selbst wie vor dem Unbekannten fürchten.

Dabei bedeutet *zdrav* einfach nur *gesund* und das *ka* hallt nach als ein kleiner Freund dieses gesunden Menschen, als ein richtiger Jemand, der auch in den Bergen beheimatet sein könnte, als Träger der menschlichen Wörter, die sich in Gebirgsgegenden von Bergspitze zu Bergspitze als Widerhall tragen und den Menschen an seine Aufgabe erinnern, die Wörter gut zu kennen, sie richtig zu sagen und nicht zu vergessen, daß es einen großen kosmischen Hut gibt, in dem das je Gesagte selbstlos wohnt.

In diesem Hut ist der Platz nicht räumlich zu denken, die Zeit gleicht überall im Universum einer mittelgroßen Kerze, die so lange brennt, wie die Stofflichkeit es ihr erlaubt. Nur auf der Erde sieht es so aus, als sei die Zeit wirklich etwas überprüfbar Beständiges.

Meine Schwester liebt Rätsel und sieht in der Luft Zahlen. Die Dächer bestehen für sie aus aneinandergereihten Zahlen. Ich denke seit Jahren in Zahlen, sagte sie einmal zu mir, und ich sagte zu ihr, das können nur sehr intelligente Menschen. Heute stelle ich mir vor, daß in meiner gesunden Schwester die Zahlen eine Mittlerrolle übernommen haben zwischen der ersten und der zweiten Sprache.

Die Zahlen haben ihren Himmel wie Vögel bevölkert, mit ihnen war das in der frühen Kindheit begonnene Singen wieder möglich geworden. Die einzige Art, sich zu erhalten, haben die Zahlen an sich genommen, und aus der Enge der Sehnsucht nach einem sicheren Ort, hat der Zahlenengel sie besucht, hat sich bei ihr angemeldet, als Untermieter ihrer

Welt. Die Eltern hatten ihr immer vorgeworfen, sie träume, schleppe die Schärpe der nächtlichen Bilder in die tagträumenden Stunden der Normalität, des Alltags und so könne, darin waren Mutter und Vater sich ausnahmsweise einmal einig, niemals etwas aus ihr werden.

Der Zahlenengel bringt den Rosenquarz, legt ihn auf die Herzgegend und liest eine Zeitung, in der keine Nachrichten wohnen, eine Zeitung aus bloßem Nichts, aus entblößter, nur im Nacken hörbarer Stille. Diese Stille flüstert meiner Schwester ein, daß weder Paula noch Sanja je das werden können, was Filomena schon lange ist, und deshalb weiß meine Zdravka, daß sie diese Filomena war, die lange gelebt haben muß, vielleicht in den Bergen, an einem deutschsprachigen See, an dem die Identitätskarten von Beginn an belangloses Papier sind, immer aber etwas Sinnentblößtes geworden wären, hätte dort nur ein Graswesen gefragt, wer man eigentlich ist, wenn die beschreibbare Hälfte unserer Träume jetzt in die Pflanzenwelt überginge und wir als wir wehen müßten, kommen müßten wie der Wind mit der Luft.

Es ist denkbar, daß Fichten die besseren Schwingen haben, größere Rücken die Pappeln, mit denen die Buchstaben gleichberechtigt leben können und nicht erst die Hürden des Kopfes und die Zwischen-Orte der Ohren überwinden müssen, um sich im richtigen Atemmaß zu bewegen. Die Lichtschnur, zwischen den Ohren, verbindet die Fähigkeit der Fichten und Pappeln mit der möglichen Wortruhe der Menschen. Die Lichtschnur kann sterben, wenn die Sprache auf das Wollen zurückfällt, wenn nur das Habenwollen die Wörter beherrscht und die Sätze sich in die Unterwelt legen müssen, zu den namenlosen Toten, vor denen wir Furcht haben, offenbar, weil sie uns lehren, daß das Sagbare begrenzt ist.

In der deutschen Sprache habe ich begonnen, diese Grenzen zu verstehen und an das Leben zu glauben. An die Geschwisterschaft von Baumkronen und die erfahrbare Beharrlichkeit eigener Erinnerung. Selbst wenn diese Erinnerung nie als eine Linie im Raum gedacht werden kann, ist sie doch etwas ähnliches und einer überirdischen Kontinuität zuzuschreiben. Verwandt mit dem Atem ist sie, und mit der Anwesenheit der Bilder.

Im Alphabet beginnt die eigene Art des Staunens, ein im Deutschen fühlbarer Echoraum der Ursprünge, der sinnlichen Sonne eines inneren Glaubens an die eigene Fähigkeit, etwas Großes zu vollbringen, ohne einen anderen Menschen dabei zu bestehlen. Vielleicht ist die einzige gültige Weise des Seins jene, in der das Nehmen so etwas Selbstverständliches ist wie eine Obsternte, bei der auch niemand zu schaden kommt und keinem etwas genommen wird, außer eben dem Baum, der aber ein Gebender ist, und also läßt er sich gar nicht bestehlen.

Das Größere der Freiheit ist mir im Deutschen möglich geworden, gerade durch den Entzug alles Vertrauten. Die

Baumnamen wollten alle noch einmal neu gelernt sein. Die Linde hieß jetzt nicht mehr *lipa*, auch ihr Geruch wurde noch stärker als einst auf den Höfen der kleinen Jahre, in denen die Kinderfüße neben den Hunde- und Katzenpfoten müde im sommerdarbenden Gras lagen, fern des zukünftigen Alphabets und jenseits des Begreifens und Fühlens des eigenen Namens.

Schon die slawisch gewobenen Buchstabenwelten in meinem Namen sorgten für die Sorge im Kind, jetzt werde ich schon vom Namen her nicht erkannt, dachte das Kinder-Ich sich. Es ist kein Satz dabei in ihm entstanden wie der heutige in mir. Nur der Geruch des Schwierigen zog in mein neues Kinder-Ich ein, die hellen Räume zogen gleichsam sofort weiter ins Innere. Das Gesicht fing an, zuerst den Schatten der langen Winter und erst sehr viel später auch den deutschen Sommer in sich selbst zu gestatten, ihn gelten zu lassen. Der deutsche Sommer hatte es schwer. Er hatte einen großen Konkurrenten: den Mediterran. Und wer konnte besser sein, als dieser ins Wesenhafte wachsende Mitspieler der Kindheit. Ein Verbot lag seitens der Eltern in der Luft, stützte unausgesprochen die mediterrane Herkunft. Das Deutsche könne gar keinen richtigen Sommer hervorbringen, jedenfalls keinen mit dem Süden vergleichbaren.

Lange schien es auch so zu sein. Aber irgendwann wurde die deutsche Sprache ein Terrain des Wissens, des Fragens auch, und damit kehrte etwas wie Entschiedenheit in mein

Leben ein. Nur im Deutschen ließ es sich präzise träumen. Das Fließen der Sprache wurde zur Gewißheit, zur Mathematik des sich aufbahrenden Geheimnisses, so, als wolle das Unerlöste, das von den Wunden der Kindheit umzäunte Gebiet, hinausgelangen, hinaus aus sich, aus mir, als seinem Statthalter, hinein in die Welt, in der die Namen und Wörter atmen dürfen, ohne eine Begründung dafür haben zu müssen, ohne Rechtfertigung und auch ohne eine Absicht.

Wo lebten wir nur jetzt, fragten wir Kinder uns, und wie waren wir nur in dieses Land geraten (wie kam man überhaupt auf die Erde?). Einmal dachte ich, die ganze Außenwelt könnte sich bei genauer Betrachtung als eine erfundene Welt entpuppen, zu so etwas wie Theater werden, und wir gingen die ganze Zeit in Wirklichkeit nur in uns selbst herum, im tiefen Ausland unserer eigenen Leben.

Da dieses Ausland noch keinen Namen hat, muß es gefunden werden. Der Grund ist immer die Suche nach einem besseren Leben, begleitet von der Vorstellung, es warte an einem anderen Ort auf uns und wir müßten es nur holen gehen, es abholen wie ein kleines Kind, das noch nicht weiß, zu wem es bald gehören wird. »Da du mich in der Not anriefst«, heißt es im Psalm 81, »half ich dir aus, ich erhörte dich, da dich das Wetter überfiel und versuchte dich am Haderwasser.« Hätte Moses sich auf das Hadern seiner Landsleute eingelassen, wäre er nie weitergekommen.

In Wirklichkeit war auch keiner von uns nur der Arbeit wegen in ein anderssprachiges Gebiet gegangen, auch wenn dies von außen betrachtet seine Stimmigkeit zu haben schien. Wir Kinder sahen es ohnehin nur als Unterwegssein an. Als Zugfahrt von Küste zu Küste und dann ins Innere der Berge, wofür uns Österreich stets das richtige Bild lieferte, mit seinem Schnee im Winter und dem hellen Strahl der Sonne im Sommer, als wasche sie nur, unterwegs wie wir, die oberen ihr zugeteilten Gipfel. Unsere Not war nicht das Neue. Unsere Not war das Alte. Und so auch ist es für unsere Mutter gewesen. Sie ging fort, weil das Fortgehen ihr die einzige Möglichkeit bot, für etwas anderes als für die Tradition, für die Ehre, für Hab und Gut, für die Felder und die Sittengefühle ihrer Familie zu leben. Sie war keine Gastarbeiterin. Sie ist dann eine geworden, weil man damals kein Wort für Frauen hatte, die sich als Frauen auf die Reise gemacht hatten; und nicht als Geldverdienerinnen.

Ihre Sehnsucht trug sie fort, eines Tages ging sie einfach weg, zu ihren beiden Geschwistern, die in einem kleinen hessischen Ort namens Sulzbach Arbeit gefunden hatten. Die Geschichte meiner Eltern, die sich in der Nähe von Frankfurt in einer Kirche begegnet sind, habe ich nur in der deutschen Sprache ganz erfassen können. In der ersten Sprache machte die Tradition, in die Vater und Mutter eingebunden waren, den Eindruck einer Notwendigkeit. Es schien, als gelte dort das in dieser Sprache Gesagte für alle Zeiten, über die Zeiten hinaus und niemand habe das Recht, sich aus der Tyrannei der Stunden zu befreien, vor allem meine Mutter nicht.

Im Deutschen wollte die Tradition mir überhaupt nicht einleuchten, womöglich, weil in dieser Sprache die Wunde und das Wunder so nahe beieinanderliegen, als wärmte das eine Wort schon die Ankunft des anderen vor, damit die Zukunft eine Sache und Wirkkraft eines einzigen Buchstabens und mit ihm der Ewigkeit würde, damit ich erkennen konnte, daß dieser eine Buchstabe nicht nur eine wichtige Mittlerrolle im Alphabet meines von den Sternen mitgebrachten Lebens übernehmen wollte, sondern auch, daß sein Erkennen über den Glauben an *Leben und Tod* entschied und auch die Liebe zwischen meinen Eltern prägte.

Erklären läßt es sich nicht, doch über diese beiden Wörter, mit dem Bedarf der Lungen gebeugt, verstehe ich gleichsam Zellkern für Zellkern, daß nicht Leben und Tod, aber *Leben und Sterben* jene beiden Gegensatzpaare sind, die jeden gehenden Menschen in den Abschied einführen, ihn begleiten, jeden, denn jeder ist ein Grenzgeher auf seine Art. Jeder Einzelne ist ein Bewohner jenes großen kosmischen Hutes, in dem, neben den je vergebenen Namen dieser Erde, auch die Sprachen unseres Planeten wohnen, die dort, in diesem Kleidungsstück des Himmels, faßbare Gestirne geworden sind, Wirkungen aus Tönen, Zahlen, Buchstaben und menschlichen Stimmen.

Gesagtes, als Fährte Gelegtes. In keiner anderen Sprache kann ich mir vorstellen, daß selbst die Stimme nur ein Unterwegssein ist, in einem inneren Wandergebiet, dessen Grenzen ich mir selbst ausgedacht habe, um auch das Springen in der Haut zu üben, das Springen über Flüsse und Bäche, über meinen eigenen Schatten und über jedes noch so gemein gestellte Bein. Erst beim Hinübergesprungensein werde ich erkannt haben, werde ich meinen Sprung gelebt haben. Meine eigenen Füße sind dann die Mittler meiner Wünsche; Mittler auch meiner Altlast der Sorge, die ich mit jedem geschriebenen deutschen Wort abwerfe, mit jedem Satz in Richtung Unsichtbarkeit die Illusion der Sorge erfahre und auch von ihrer Falle, von ihrer Art Genossenschaft und Suggestion, in der sie sich so unabdingbar zeigt, als gehöre sie wirklich fest zu einem Menschenleben.

Über Jahre hinweg war meine gesunde Schwester bekümmert, es könnte ihr kein richtiger Lebenssatz gelingen, wenn sie ihn laut über sich sagte. In der ersten Sprache war auch ihr jede Selbstaussage zur egoistischen Übersprungshandlung entwischt, hatte sich angehört wie etwas Unbrauchbares, und kaum hatte eine von uns etwas Schlichtes und gleichermaßen Schönes über das eigene Leben auszudrücken versucht, gab die erste Sprache uns Tritte, die vielen Pferde aus ihrem Besitz flogen wie fremdgesteuert davon, ritten ohne uns weg, und nur der Bruder, der *Junge,* schien, in beiden Sprachen, eine richtige Erlaubnis zum Leben zu haben.

Die hatte er sicherlich mitgebracht, aus dem Land seiner

Zeugung; aus seinem Nabel-Ursprung und den Liebesge-
danken der Eltern. Schöner wäre uns allen vorgekommen,
daß wir hätten sagen können, wir stammten von der Venus,
von Sirius, von den Plejaden (oder wenigstens von einem
ihrer Trabanten). Aber das mußte auch fragenden Kindern
reichen, die Zeugen der Liebe sind und als solche auch ihr
Recht auf Leben viel früher erkennen, als die Erwachsenen
glauben. Erkennen ist Teilhabe am Geheimnis. Deswegen
machen sich Kinder bei den Erwachsenen schnell grundlos
verdächtig.

Die Schwester und der Bruder gehörten in der ersten Sprache wie Himmel und Wolken zueinander. Eines Tages sprachen sie mir völlig unvorbereitet ein Zugehörigkeitsrecht
ab. Der Bruder sagte es laut, ich sei gar nicht ihre Schwester,
sei sicher nur ein Kind fremder Leute. Im Deutschen erhielt
sich nicht nur diese Wunde und das Wunder, auch die Hoffnung zog in diese Sprache meiner Freiheit ein, und mit jedem deutschbewohnten Traum hoffte ich innig, der Bruder
möge erkennen, daß ich keine anderen nahen Menschen
habe und ohne meine Geschwister fremd bliebe, auf immer
allein in der sprachneuen Welt. Außerhalb der Wohnung,
auf dem Schulhof, prügelte ich mich sogar für ihn, denn
einmal, endlich!, rief er mich, seine »große Schwester«, her-
bei, weil ihn andere Jungs bedrängt und schon mit Fäusten
bedroht hatten. Ohne auch nur eine Sekunde zu überlegen,
krempelte ich die Ärmel hoch, ging los, wurde gebraucht,
um mir den Namen *Schwester* zu verdienen.

Danach, so kommt es mir heute vor, hatte ich jemand, zu dem ich auch in dieser deutschen Schule gehörte und fortan auch einen richtigen Namen, *Schwester*; ausgehandelt mit den Mitteln meiner Hände.

Meine Schwester Zdravka wurde unterdessen von einem Krankenhaus zum anderen gefahren, der Rettungsdienst kam immer in der zweiten großen Pause, siebenjährig sprach sie vom inneren Schwindel. Wir vergaßen zeitgleich das erste muttersprachliche Wort dafür, wußten nicht einmal, ob wir es je gelernt hatten, und manchmal, wenn wir jugoslawische Lieder hörten (und da war es noch nicht verboten, noch nicht vom Krieg angeordnet, das Wort *jugoslawisch* zu sagen), weinten wir jede für sich; denn das über allem liegende Wort *tuga*, die Trauer, reimte sich zwar noch immer mit dem Wort *duga,* der Regenbogen, aber der Regen war allein in uns geblieben, der Bogen war ausgebüchst, alle Farben mitnehmend.

Vom deutschen Bildschirm aus sahen wir, wie unser einstiges Land vom Nebel der Kriegssprache belagert wurde, von plötzlich aus dem Nichts aufgekommenen Gewehren und Geschossen. Einen Feind zu haben, das gehörte jetzt zum guten Ton. Der Feind habe all die Jahrzehnte auf seinen Waffen geschlafen. Auf das Schlagen habe dieser Feind gewartet, auf das Zuschlagen und Zurückschlagen, hieß es später, als das Wort »Krieg« auch für uns Achtzehnjährige ein Gegenwartswort geworden war. Das Wort hatte nicht mehr nur eine Adresse in den deutschen Geschichtsbüchern, jetzt bekam es auch eine Heimstatt in unseren Augen; mit den Augen fingen wir an, an den Krieg und an die Bilder des Krieges zu glauben.

Jene, die wir gekannt und geliebt hatten, zogen sich neue Gesichter an, mit richtigen Reißverschlüssen in den Augen. Sie lernten die Wörter der Macht, lernten, ihren Willen in die Uhren der Mächtigen zu legen, lernten und lernten, alles lernten sie auswendig, und die Zeit begann sich auszuziehen, begann nackt zu sein, Tag und Nacht wurden eins, die Zeit begann Schnaps zu trinken, die Zeit, diese Trinkerin und Betrügerin der Menschen.

Jetzt sei eine neue Zeit gekommen. Und in ihr gab es keine Vergangenheit mehr, Stück für Stück, Kampftag für Kampftag, Front für Front, hatte man sich ihrer entledigt. Jetzt gab es kein Jugoslawien mehr; so ein Land, darin schienen sich nun alle einig zu sein, haben sich ohnehin nur die Nostalgiker zum Zeitvertreib ausdenken können. Jahrzehnte lebendigen Lebens, unzählige Stunden und Schritte im eigenen Sein waren annulliert worden. Das eigene Lachen vergessen. Die Lachgrübchen. Die Geburten der Kinder. Die Sonntage. Die lichtvollen Augustsonntage. Das Zubereiten der Speisen. Das Sammeln der Kastanien, Nüsse und Mandeln. Das Flechten der Zöpfe. Die Freude der Arbeiter, wenn sie am Ende des Monats ihren wohlverdienten Lohn erhielten. Das Singen des Ava Maria. Das Erlernen des Alphabets. Die ersten Küsse. Das erste Rendezvous. Das erste fremdsprachige Wort. (Wir lernten nicht nur Russisch, wir schmückten uns mit Italienisch, einem dilettantischen, aber immerhin; wir kannten auch die Lieder von Pink Floyd, von Bob Dylan, von Mick Jagger und sogar von Nena.) Im Dienste einer neuen Zeit wähnten sich die Menschen auf sicherem Terrain und hatten doch nur sich selbst ausradiert, sich selbst noch rückwirkend den eigenen Atem entzogen, als hätte all die Jahrzehnte ein anderer für sie gelebt und geatmet. Aber wer nur hätte für einen anderen atmen können, wer wird je dazu in der Lage sein?

Mir war, als gehörte ich gar nicht mehr zu jenen, die noch immer in meiner ersten Sprache träumten; ich stellte sie mir als Träumende noch immer vor, denn Träume kann keiner verbieten; die aber ihre Menschenträume verrieten und wie ein Lamm zur Schlachtbank führten. Für das Recht. Für die neue Zeit. Für den Selbstverrat. (Verrat ist immer Selbstverrat.) Auf eine Art wurden alle mächtig. Plötzlich gab es Starke, überall Alleskönner, nirgendwo ein schwaches, armes, liebes Gesicht, nur die Sieger standen Spalier, als könne man wirklich vom Töten leben.

2

Jetzt kamen schon Leute von unserem ersten Dort in unser zweites Dort, von jenem anderen Hier in dieses andere Hier, und wir sahen zu, wie sie sich fern ihrer alten Grenzen und Pässe auch hier verrieten. Manche kamen aus Sarajevo, manche aus der Herzegovina, aus Slawonien oder auch von der Küste, aus Rijeka beispielsweise. Meine Schwester und ich verliebten uns gleich in zwei der neu Angereisten. Mile kam aus Sarajevo, Rašo aus Rijeka. In den ersten, einen bosnischen Kroaten, verliebte ich mich, in den zweiten, einen kroatischen Serben, verliebte sich meine Schwester. Es war der Sommer, in dem der Krieg ein ungeahntes Ausmaß annahm, das Jahr, in dem ich meinen achtzehnten Geburtstag feierte. In einem roten T-Shirt trug ich in jenem warmbäuchigen August erste Gedichte in einer dunklen Kneipe vor, geschrieben in meiner ersten Sprache.

Ich selbst weiß gar nichts mehr von diesen ersten Wörter-Singversuchen, mir ist nur in Erinnerung geblieben, daß ich Mile mit meinen Gedichten zum Weinen brachte. Er weinte, mitten in diesem dunklen deutschen Lokal, und unser Jugoslawien verlor für immer seine Möglichkeit. Ich dachte zum ersten Mal, an sich sei es schön, einen grünäugigen Menschen mit Wörtern zum Weinen zu bringen. Wir hörten unaufhörlich die Musik einer der drei jugoslawischen Kultbands, Azra, Bijelo Dugme und Riblja Čorba oder irgendwelche dalmatinischen Chansons, die das Meer besangen, das Leben einer Mutter oder wieder einmal eine dem Abschied geweihte Liebesgeschichte melancholisch erzählten.

Rašo spielte auf der Gitarre das jugoslawische Kultlied »Balkane moj«, *Mein Balkan,* wir saßen im Park herum, bis tief in die Nacht, rauchten die Zigarettenpäckchen leer und erklärten unseren neuen Freunden die deutsche Sprache, ließen das *r* rollen, vor und zurück. Im Fernsehen zeigten sie Bilder aus Jugoslawien. Der Krieg bekam ein Gesicht. Das Gesicht weinte. Nur mit dem Schutzdamm der deutschen Sprache konnte ich vor dem Fernseher meine eigenen Tränen zurückhalten.

Die Leute gewöhnten sich daran. Meine Eltern nahmen in einem der unteren Räume Flüchtlinge aus der Herzegovina auf, ein Ehepaar, beide mit schönen blauen Augen. In unseren deutschsprachigen Nachmittagen etablierten sich neue Wörter. Kampfzonen, Militäreinheiten, Gewehre, Granaten zogen ein in unser bescheidenes kleines Fachwerkhaus, in dem wir bei einem hessischen Bauern zur Miete wohnten und an dem über Jahre hinweg nichts renoviert wurde. Nach dem Zweiten Weltkrieg hatte man einfache weiße Platten auf die Fassade gelegt. Jetzt wollte der Bauer das Haus schätzen lassen, um es zu verkaufen. Dafür nahm man ausgerechnet unter dem Fenster meines Zimmers ein paar weiße Platten ab. Nachdem alles geschätzt worden war, stellte sich heraus, daß es sich um ein richtig altes Fachwerkhaus handelte und unser Vermieter gar nicht das Recht hatte, das Ganze zu verscherbeln.

Wenn ich mich richtig erinnere, fiel das Wort »Denkmalschutz«. Das muß den Bauern auf eine Weise verschreckt haben, daß er noch nicht einmal die weißen Platten wieder anbringen wollte. Er ließ dem Haus dieses Brandmal, und jeder, der an ihm vorbeiging, dachte, es ist das Haus von Ausländern, deshalb sieht es so aus. Ich schämte mich ungemein dafür, ständig schämte ich mich für etwas, für die kleinen Fenster, für das Zimmer, in dem meine Schwester und ich schliefen und in dem es nur einen alten Holzofen gab, keine Heizung.

Die Eltern dachten nicht im Traum daran, eine Heizung einbauen zu lassen, nie denken sie im Traum an etwas, dachte ich und holte aus dem Keller das Holz und die Kohlen. Manchmal kommt es mir aus der Rückschau betrachtet so vor, als habe dieses Haus die ganze deutsche Geschichte in sich gespeichert und als sei ich damals eine alte Frau gewesen, trotz Jugend und Mädchenhaftigkeit ging ich gebückt in den Keller, denn richtig aufrecht konnte man dort nicht stehen.

In meiner Erinnerung ist auch das Haus nicht an Ort und Stelle, nicht in unserer Zeit zu Hause gewesen, es hatte sich damals etwas in ihm verselbständigt, wie ich schien es über ein eigenes Gedächtnis zu verfügen. Es roch moderig, nicht nur im Keller. Als habe das Geschehen in unserem ersten Land auch die Fassade unseres hessischen Wohnhauses erreicht, sah es nun verloren und enteignet aus; beschützenswert, wie ein Mensch, dem man mitten ins Gesicht geschossen hatte und der jetzt, Jahre danach, noch immer orientierungslos war. Die Wangen des Hauses waren für mich genau jene Stellen, an denen die Platten entfernt worden waren, und in Gedanken nannte ich sie *entzauberte Hauswangen*. Damals habe ich mehr an dieser Zerstörung des plötzlich kapitalistisch gewordenen Bauern gelitten als an den Nachrichten im Fernsehen.

Manchmal gab es in der Tagesschau Berichte, bei denen man leicht verzögert die Stimmen meiner Landsleute hören konnte. Bevor der deutsche Kommentator einsetzte, wurde ich durch das Gewahrwerden meiner Muttersprache gezwungen, genau hinzuhören. Kaum hatte ich drei, vier Wörter aufgeschnappt, kroch im Herzen ein Krokodil herum, und ein Druck in der Brust schien meinen Brustkorb sprengen zu wollen. Ich habe nie genau verstanden, warum das Geschehen noch mehr weh tat, wenn ich es in der ersten Sprache, in der Sprache meiner Kindheit beschrieben bekam. Das Deutsche rührte mich auch. Aber mehr lenkte es mich in dieser Zeit ab. Es half mir, das Schreckliche zu verorten, es aus mir selbst zu verlagern, hinein in die Welt gewöhnlicher Belanglosigkeit, die es mir ermöglichte, einen ganz normalen achtzehnten Geburtstag zu erleben.

Ich ärgerte mich über die Art und Weise, wie unsere jugoslawischen Orte ausgesprochen und wie die Namen der Menschen und Landschaften verunstaltet wurden. Jetzt waren *wir*, Jugoslawen, sehr interessant. Jeder wollte wissen, woher man denn nun komme, ob man zu den »bösen« Serben oder zu den »guten« Kroaten gehöre.

Rašo machte wie wir keine Unterschiede, Mile genausowenig, wir liebten einander mit den Augen und mit den Liedern, die noch immer tief in unseren Herzen wohnten, wie richtige Menschen waren diese Texte, und mit der Zeit sangen auch die hartgesottensten Kroaten mit. Wir gingen schwimmen, spazieren und erforschten den Wald. Neue Leute kamen, junge Menschen, Familien, gerade volljährig gewordene junge Typen, denen am Ende das eigene Leben mehr bedeutet hatte als die kroatische oder serbische Identität, die sie bald an irgendeiner Front hätte zum Krüppel machen können. Während wir in unseren Wohnungen Kaffee tranken und meine Schwester, mein Bruder und ich zum ersten Mal durchgängig in unserer Muttersprache redeten, wurde der Krieg Alltag in unserem Geburtsland.

Noch immer dachten wir, er werde es nicht schaffen, uns und unsere Erinnerung zu zerstören. Denn welche Bedeutung kann ein System haben, wenn es die Erinnerung und das Gedächtnis gibt, das Licht eines Sommers, in dem die Falken frei geflogen sind und unter einem gesamtjugoslawischen Himmel die Ameisen ihre große Beute davongetragen haben, für ihr Ameisenleben, vorbei an unseren Füßen und dem fortwährenden Staunen der Kinder, die es nicht begreifen wollten, daß die roten beißtüchtiger sind als die schwarzen. Wir wollten leben und wollten das noch immer ausschließlich mit unseren Herzen tun.

Die Wörter »Herz« und »Seele« scheuten wir nicht, wir waren mit ihnen aufgewachsen, waren von ihnen geradezu, trotz aller Trauer und Sehnsucht, großgezogen worden. Ein dalmatinisches Kind wird an jedem Tag seines Lebens anstelle seines Namens hundertmal mit den Wörtern »Seele« und »Herz« gerufen. Es sei denn, ein Erwachsener entscheidet sich für das dritte große Liebeswort: »Sonne«. Damit wächst das Bewußtsein in jedem kleinen Wesen, es sei selbst so ein Sonnlein, ein Vertreter, ein Angestellter der großen gelben Sonne, die uns Leben schenkt. Leben und Licht.

Und steckt nicht in jedem Wort eine Demut hervorrufende Präzision, wenn ich im bloßen Wort *Dalmatien* auf *alma* stoße, auf die Seele (und damit auf ihr Organ, das Herz). Dalmatien, Analogie und Alkoven der Empfindsamkeit. Wenn eine Mutter ihr Kind zu sich ruft, dann sagt sie, *dušo moja dođi ovamo,* meine Seele, komm einmal her. Dieser wesenhafte Ruf ist stets in der Essenz des Selbst abgespeichert, wartet auf die Weite aller Sprachen, auf die Sprache der Liebe, in der dann dieses Fluidum einem selbst geschenkt ist und man einmal einem innig nahen Menschen, in der deutschen Sprache, diese weltwendenden und der Freude zuarbeitenden Wörter sagen kann.

Meine Schwester bekam mehr und mehr Ärger. Es gab viele, die sie nun wegen ihrer Freundschaft mit Rašo mieden, die sich auch nicht scheuten, sie auf dem Kirchplatz gemein zu behandeln und Sprüche loszulassen, die sie als Serbenfreundin brandmarkten. Aber sie blieb auf eine tief stille Weise eine Liebende, rechtfertigte sich nicht, hatte erste Sehnsüchte einer heranwachsenden Frau, und in ihren Grübchen spielte eine kleine Sonne sich in die Höhe, wenn sie sich auf den Weg zu ihrem Freund machte. Nach wenigen Monaten hatte sie es wortlos geschafft, daß die meisten ihrem Rašo wohlgesonnen waren. Dabei hatte sie nie etwas unternommen, sie hatte kein Recht gefordert, keinen Schrei getan, niemand von der Blödsinnigkeit seines Verhaltens überzeugen wollen. Sie liebte nur, und das reichte aus, die anderen mit dem Schönen anzustecken.

Den Winter über trafen wir uns alle in einem Lokal, einer Art Bistro, das sich als Sammelplatz aller Ex-Jugoslawen entpuppte. Ehe wir's uns versehen hatten, waren wir in einem Kreis von Zagrebern, Belgradern, Makedoniern, tranken und aßen mit Leuten aus Novi Sad, Sarajevo, Split und Mostar, von überall her waren sie gekommen, und wie immer hielten sie auf eine jugoslawische Weise zusammen.

Wenn mich Menschen danach fragen, was das eigentlich ist, diese *jugoslawische Weise*, dann fällt es mir schwer, eine überzeugende Erklärung zu finden und sie vor allem laut auszusprechen. Vor dem Hintergrund des Krieges klingt fast alles lächerlich. Aber ich stelle fest, daß ich sie nicht vor diesem Hintergrund suche.

Nicht etwa, weil mich Nostalgisches bewegt und ich das Geschehene ignorieren würde, es gibt eine Stelle in mir, die unversehrt glaubend ist. Ich möchte sie behüten. Möchte glauben, daß wir das Leben mit inneren Gleichungen begehen können. Und daß die Mathematik des Krieges nicht mein Zahlengebiet ist und ich sie deshalb auch nicht beherrschen möchte.

Immer wieder sind mir solche Glaubende überall begegnet. Man kann einwenden, daß sie alle, genauso wie ich, Auslandsjugoslawen sind. Aber vielleicht haben ja genau wir etwas in uns bewahrt, was sich für die Zukunft erhalten läßt. Diese unversehrte Stelle. Ein kleiner Zeitkanal, in dem die Gegenwart des Herzens stärker ist als alle versierten Parolen.

Das Merkwürdige an den Völkern des einstigen Jugoslawiens ist immer das geblieben: während sie sich zu Hause stritten, bekriegten und ermordeten, waren sie im Ausland unzertrennlich, hörten die Chansons des einen Volkes, die Lieder des anderen, und alles wurde wieder eins. Das konnte es nur durch die Freude werden, die es stets im eigenen Erleben, in der Erinnerung an das gelebte Sein gab. Kaum eine Hochzeit wurde vollzogen, auf der nicht *alle* Lieder gesungen worden waren, die Mandoline, die Gitarre, die Harmonika und das Schlagzeug, nichts fehlte, kein Kehlkopfgesang durfte ausbleiben.

Die Musik baute uns Brücken. Wenn wir am traurigsten waren, hörten wir einfach die Lieder von Bijelo Dugme oder auch irgendeiner Roma-Band, die uns wie ein Wind etwas über uns erzählte. Was das war, das wußten wir selbst nicht, aber es machte etwas lebendig in unseren Körpern, machte die Welt, wenn auch nur für die Zeit eines Liedes, namhaft.

Diese Zustände, und als solche müssen sie betrachtet werden, habe ich in einigen Filmen von Emir Kusturica erspürt, eine Verzweiflung war das auch, die verwandt ist mit dem größtmöglichen Gefühl auf Erden, mit der Freude. Sie zu leben hatten wir uns, allem zum Trotz, zur Aufgabe gemacht. Und dafür mußten wir eben auch ihre Gegenspieler kennenlernen.

Uns half das Singen, nicht zu vergessen. Rašos Schwester nannten wir alle Seka, was soviel wie Schwesterchen oder Kleines Schwesterlein bedeutet. Seka hatte langes nußbraunes Haar, lange schlanke Beine, von klein konnte also gar nicht die Rede sein. Ein gleichermaßen ernstes wie vollkommenes Gesicht hatte sie, das einen jungen Kroaten alles vergessen ließ, seine Herkunft, sein Elternhaus und die katholische Strenge seines Vaters, der für sein nationales Bewußtsein bei allen hessischen Kroaten bekannt war. Er gehörte zu den ersten, die ausgerechnet in der Kirche die kroatische Nationalhymne am lautesten sangen; in einer Zeit, in der der Krieg also auch in Gotteshäusern vorbereitet wurde.

Just der Sohn dieses Mannes ging nun Arm in Arm auf öffentlichen Plätzen mit einer schönen Serbin spazieren. Uns alle freute das, weil die beiden sich gern hatten und einander romantisch ergeben immer die Hand hielten. Allmählich geriet niemand mehr wegen dieses serbisch-kroatischen Liebespaars in Aufruhr, nach ein, zwei Jahren waren die gemischten Liebespaare sogar normal, und keiner regte sich mehr darüber auf.

In Bosnien starben die Menschen. Unsere Cousins wurden eingezogen. Das Wort Krieg bekam Gesellschaft, Armut, die Tante in der Stadt hatte kaum Geld, das Essen wurde knapp. Armut und Hunger. Neue Wörter, mit denen unsere Verwandten leben mußten, während wir im 21. Jahrhundert nach schönen Jeans Ausschau hielten, ernsthaft versuchten, eine normale Jugend zu erleben, und im Kino die neuesten Filme zu sehen oder bloß eine Tasse Capuccino zu trinken. Wir schafften das immer, auf eine geschickte Weise lockten wir der Mutter Geld aus der Tasche und erfanden wichtige Schultreffen, gingen dann zufrieden in den Kinosaal und sahen uns John Travolta, Melanie Griffith und Robert de Niro an.

Mile war längst in die kroatische Hauptstadt gegangen, aber im Krieg ist er nie gewesen. Er vermißte sein Sarajevo und schrieb mir verschlüsselte Briefe in kyrillischer Schrift, damit meine Eltern nicht mißtrauisch wurden. Was willst du mit einem Bosnier, sagte mein Vater mehr, als daß er fragte, da landest du nur in einem Graben mit ihm. Ich ging von zu Hause weg und hatte endlich eine erste eigene Wohnung. Und nur aus der Ferne erfuhr ich, daß meine Cousins wieder einmal an eine neue Front gezogen waren, Dubrovnik stehe unter Beschuß, Zagreb sei auch nicht mehr ganz sicher.

Warum ich Mile nur einmal zurückschrieb, weiß ich selbst nicht mehr. Er wollte in Zagreb sein Architekturstudium beenden und dann wiederkommen. Oder du kommst zu mir, hatte er gesagt, und manchmal denke ich, ich habe mir diesen Satz eingebildet, habe mir auf der Grundlage einer Einbildung vorgestellt, diese Freundschaft könne eine Zukunft haben, in einer Zeit, in der unser Land zerfiel und Zukunft vor allem für die Menschen in Bosnien darin bestand, den einen Tag oder die eine Stunde mit ihren Kindern zu überleben.

Diese Freundschaft endete nach Miles Abreise. In unserem innersten Sein gab es schon damals einen fleißigen Regisseur, und obwohl ich unter seiner Regie sehr gelitten habe, sehr gewartet habe, daß etwas Gutes geschieht, daß ein richtiger Brief kommt, in dem die Dinge gesagt werden und wir nicht mehr drum herumreden müßten. Aber so ein Brief ist nie gekommen. Und auch ich habe einen solchen Brief nie geschrieben. Deshalb hat sich wohl auch mein Regisseur auf seine Vorgehensweise berufen, hat sich zurückgelehnt und gewußt, daß alles nach Plan läuft. Die Sehnsucht war schlimm und übergab mich dem zwanzigsten Jahr wie eine ungeschälte Frucht, eine Quitte, eine herbstschwere, aus der noch niemand schlau werden konnte. Am allerwenigsten ich selbst.

3

Rašo und seine Familie sind nicht mehr nach Rijeka zurückgekehrt. Ich habe von meiner Schwester gehört, er sei mit seinem Bruder bei der Ankunft in Serbien gleich zum

Militär einberufen worden. Noch heute ist es mir unvorstellbar, diesen schönstimmigen Sänger unserer jugoslawischen Lieder mit einer Waffe in der Hand zu wissen. Ich stelle mir vor, daß er wie alle anderen Soldaten auch Zigaretten zum Leben gebraucht hat, sehe sein Gesicht und seine Hände vor mir, die immer nach einer Beschäftigung suchen. Damit es keine Lücke gibt, in der es wieder die Gitarre, wieder die Liebe, wieder das Leben gibt.

Bevor meine Schwester und Rašo sich von einander verabschiedeten, hatte er ihr einen Flirt gebeichtet. Nur ein Kuß, hatte er gesagt und wollte ihr erklären, wie es dazu gekommen war. Zdravka war sehr enttäuscht und konnte ihm nicht vergeben. Er ging fort, ohne ihr Herz zurückgewonnen zu haben. Zum Abschied ließ er ihr eine Kassette von sich da. Die Lieder hörte sie lange Zeit wie heilsame Gebete. Alle Lieder, die sie und wir je zusammen gespielt und zur Gitarre gesungen hatten, hatte er für sie aufgenommen und selbst begleitet. Einmal durfte ich diese Kassette anhören. Zdravka und ich hielten einander die Hände, sahen uns nicht an, sahen nur in die Ferne, weinten und hörten Rašo zu, wendeten die Kassette, bestimmt zwanzigmal, und erschöpft von Sehnsucht und Liebe nach einem einfachen Leben gingen wir wortlos schlafen.

Ich habe Rašo nie wiedergesehen. Nur seine Stadt, das seit dem Ende des Zweiten Weltkrieges kroatische Rijeka, habe ich betrachtet, in einem kroatisch gewordenen Sommer, in dem ich Gast während einer Lesereise war. Ein Sommer mit einem Licht voller Unverletztheit. Eine Stadt, die für mich dieser Mensch geworden war.

Als ich in Rijeka spazierenging, dachte ich an Rašo, an seine Familie, den Bruder Bato, die Schwester Seka, an die schöne Stimme ihres Vaters, an ihre Eltern, die in Hessen lange in der Wohnung eines Onkels mietfrei leben konnten, dieser aber irgendwann zuviel von ihnen bekam und sie von heute auf morgen wegschickte, mitten im Krieg, als noch die Granaten durch die Luft flogen und es klar war, daß die beiden jungen Männer würden in den Krieg ziehen müssen. Wegen dieses Onkels gingen sie dann am Ende auch nach Serbien. In ein Land, zu dem sie nun gehörten, ob sie es wollten oder nicht.

Ich wollte nichts mehr mit Jugoslawien, nichts mehr mit Kroatien zu tun haben. Ein eigener Mensch sein, dachte ich jahrelang, das müßte lohnenswerter sein als die Identitätskarte eines Landes, das mit einem Mal – und es ist jedes Mal *mit einem Mal,* mögen die Journalisten und Politiker das heute anders sehen – auseinanderfällt.

Der rote jugoslawische Paß war eigentlich gar nicht rot, er hatte die Farbe von dunklen Reben, und auf ihm brannten drei schöne goldene Flammen, die ich mir genau eingeprägt habe. Als neunjähriges Kind habe ich diese Flammen auf meinem Paß gesehen, sie waren es, die mich über die jugoslawische Grenze, über die österreichische und deutsche in den kleinen hessischen Ort Sulzbach gebracht hatten, in

dem es Häusernummern, Straßennamen und saubere Orts-
schilder gab, alles neue Dinge, die zwar aufregend waren,
sich aber niemals über die Liebe legten, die ich beispielsweise für unsere kleine Dorfschule in mir trug. Immer war
diese Schule der Maßstab, dem sich die deutschen Häuser
stellen mußten, vor allem jene aus den siebziger Jahren. Die
Schule war in meiner Erinnerung zu einem idealen men-
schenfreundlichen Gebäude geworden, ein warmer Ort,
nicht nur ein zweckmäßiges Haus.

Um so enttäuschender ist meine Entdeckung im Sommer
2005: die Fenster meiner einstigen kleinen Dorfschule sind
jetzt vergittert. Ich hatte das eigenartige Gefühl, das habe ein
Mensch zu verantworten, der in seinem Inneren so aussieht
wie die jetzt vergitterten Fenster. Wer käme sonst auf diese
Idee, die Kinder allzeit *die Welt durch Gitter* sehen zu lassen?

Weder der Wein noch die Tiefe der Farbe beschützten den
jugoslawischen Paß vor seiner Überfälligkeit. Bald schon
wirkte er selbst in den Händen der Jugendlichen anachro-
nistisch. Ich erhielt einen blauen kroatischen Paß, daß es
Mühe machte, ihn zu bekommen, stimmte mich nicht gerade fröhlich. Stundenlang warteten wir darauf, in riesigen
Schlangen, zu einer der Sachbearbeiterinnen vorgelassen
zu werden. Die Leute schwitzten, es war Sommer, irgendwie war es immer Sommer, wenn etwas Wichtiges, für die
Erinnerung Präpariertes geschah, und es stank schon in den
Fluren nach städtischen und dörflichen Menschenachseln.

Meine Tante aus der Stadt nutzte ihre Beziehungen, um uns an den vielen Wartenden vorbeizuschmuggeln. Natürlich bemerkten das die Menschen und schrien so was wie *Verflucht sei euer Vitamin B*. Ich schämte mich und ging fast geduckt an der Seite von Tante und Mutter ins Amtszimmer. Strenge Gesichter, überall schwer beschäftigte Leute.

Damals habe ich all diese Veränderungen erlebt und gesehen, selbst erfahren, aber richtig denken konnte ich es nicht, nicht erfassen, daß ein ganzer Staat neu aufgebaut wurde. Und wie immer in der Geschichte der Menschen und ihrer Staaten fingen die Leute zuerst mit dem Archivieren an. Wir sind jetzt Kroaten, hörte man überall. Ja, natürlich, dachte ich, jetzt sind wir das geworden, was schon immer in uns gelauert hat, und ich dachte noch, selbst verschwitzt und sehnsüchtig nach Ferne, daß die Wörter in einem neugebackenen Land, in dem die Leute auf Krücken gehen und es plötzlich überall Beinamputierte gibt, komisch klingen, Kroate, Granate, Granatapfel, Apfelsine, Cinématograph – die Welt wurde austauschbar.

Trotzdem schärfte gerade diese Austauschbarkeit den Sinn für das Einzelne, für die Gegenstände, für die Namen, für die Produkte, die Räume und die Gesichter. Vor allem für die Gesichter. Die Art des Lächelns hatte sich verändert. Was war mit dem Lächeln und der Sanftmut der Menschen geschehen? War es möglich, daß ich meine Kindheit in einem anderen Sternengebiet verbracht und die Gesichter idealisiert hatte, fragte ich mich. Aber auch den Schrecken habe ich immer in den Menschen gesehen, ich habe sie geliebt, für alles, was sie waren. Das geschah nicht bewußt in jenen Momenten des Kindseins, da gab es nur die bloße Betrachtung und die Anteilnahme des Herzens, ganz gleich, um was oder wen es sich handelte. Später, in der Erinnerung, bin ich selbst zu einem dieser Momente geworden. Diese Augenblicke reihten sich Stück für Stück aneinander und wurden mitten in der Zeit Beweise der Zeitlosigkeit. Alles, was ich bin, bin ich mit diesen Menschen geworden, bin es mit und unter ihnen schon als Kind gewesen.

Lange Zeit glaubte ich mich in der deutschen Sprache jenseits davon. Die Schritte der kleinen Jahre waren wie verschüttet. Als ich zu schreiben begann, das Gesicht des Großvaters mit deutschen Wörtern betretend, dieses Gesicht der Liebe, sprach auch dieses erste Menschenland mich an, sprang aus mir heraus und wurde eine autonome Welt, wurde das, was es in all den Jahren in mir ohnehin gewesen ist. Das sprachgenaue Wissen um diese Welt hat mich zu einem Menschen mit Gedächtnis gemacht. Das Gedächtnis ist es, das mich als Mitarbeiterin braucht, als Geherin in den Ecken und Bauchgebieten meines eigenen Sterns.

4

Was ist mein Stern? Wer ist mein Stern? Natürlich glaubte ich als frischgebackener jugoslawischer Pionier im Alter von sieben Jahren, dieser Stern sei, zwar nicht ausschließlich, aber doch selbstverständlich irgendwie mit Marschall Tito und dem Stern auf seiner Partisanenmütze gekoppelt, stehe in einer Verbindung mit ihm und verfüge über eine Telefonleitung zu seinem Büro.

Gegenüber unserer Schule befand sich aber auch die Kirche und linker Hand lag der alte Friedhof, den die Kinder in den Schulpausen wie einen Vorposten der Ewigkeit inspizierten. Obwohl uns der Tod verschreckte, leuchtete manchmal der dalmatinische Stein verlockend von den alten Gräbern wie ein Mittler der unsichtbaren Welt auf. Dieses Gleichmaß zwischen Dingen und Menschen ist der eigentliche Sprecher dieser Jahre gewesen. Das ungerichtete Vibrieren meines Herkunftsortes und der dort ansässigen Menschen.

Heute denke ich oft, daß die Gesetze des eigenen Lebens bereits gebündelt in der Kindheit schon gewirkt haben, als Kern der eigenen Biographie, die wir in den Sterntaschen unserer selbst mitgebracht haben. Ist sie nur weit und tief genug begangen worden, wächst sie zu einem eigenständigen Sterngebiet heran. Jede Kindheit trägt das Erbe der Sterne in sich, strahlt sie aus uns heraus, hinein in die Wörter und Sätze, Gesichter, Brustkörbe und Lieder der Menschen.

Die einstigen Jugoslawen, ob sie es wollen oder nicht, haben ein ganzes Sternengepäck aus dem Kosmos mitgebracht. Was es für eine Wirkung hat, wenn man es mit sich trägt, durfte ich in einem Autobus in Rom erleben. Auf der Rückfahrt vom Petersdom sprach mich eine junge Frau in englischer Sprache an. Sie suchte eine bestimmte Haltestelle und war sich nicht sicher, überhaupt im richtigen Bus zu sein. Die jugoslawisch timbrierte Aussprache ihres Englisch hat mich sofort wissen lassen, daß sie eine von *uns* ist, eine von uns, dachte ich damals noch immer, obwohl es schon 1998 war und ich offiziell nicht das Recht gehabt habe, so zu denken. Das Recht, das Überflüssige, hat mich nicht geleitet, und ich bin dankbar (meiner Mutter, meinem Vater, dem Leben) dafür, nicht seine gelehrige Schülerin zu sein. (Das einzige Recht, das ich anerkenne: die Liebe. Jemand hat recht, wenn er Liebe hat.) Über dem Recht wohnt eine viel weichere Haut im Leben eines Menschen. Goethe hatte diese Haut das »Höhere Waltende« genannt. Auch die römische Busfahrt hat mich wieder daran erinnert, sich ankündigend mit einem Zittern.

Die junge Frau war eine serbische Studentin aus Belgrad. Zwischen zwei Stationen erkannten wir einander. Warum auch stets Jugoslawen immer zusammen in solchen Situationen weinen, ich weiß es selbst nicht, wir weinten jedenfalls, und es muß so etwas wie Übermut und Freude in einem gewesen sein. Außerdem mußten wir uns mit allem etwas beeilen, hätten wir es nicht getan, wäre sie vor unseren gemeinsam geweinten Tränen ausgestiegen. Aber so hat die herannahende Station an unserem Wasser mitgearbeitet. Kaum daß wir uns kannten, nahmen wir wieder Abschied voneinander. In den fünf, sechs Minuten unserer Begegnung hatte ich alles über ihr römisches Leben erfahren, wußte, daß sie Kunstgeschichte studierte, bei einer geizigen, kontrollsüchtigen Tante wohnte, und daß sie bald nach Mailand weiterziehen wollte, Sehnsucht nach Belgrad und nach der anderen Seite der Adria hatte. Allein das Sprechen war aus aller Zeit herausgefallen. Die Wörter, wie Verbündete, reichten sich zwischen uns und unseren Brustkörben die Hände, während wir, zwei eigentlich einander fremde Menschen, unsere Hände hielten und dabei immer hin- und hertänzelten, als seien wir schon zusammen in den Kindergarten gegangen.

Da ich sehr bewegt war, verpaßte ich den Moment, sie nach ihrem Namen und ihrer Adresse zu fragen. Erst als sie dabei war auszusteigen, begriff ich, daß ich sie nicht mehr wiedersehen werde. Wie sie denn heiße, rief ich ihr nach, damit ich wenigstens einen Namen erinnern und mit mir nehmen konnte, als Zeichen und Beweis eines tief gefühlten Augenblicks. Obwohl ich ihren Namen am Ende, neun Jahre danach, doch vergessen habe, ist mir alles von diesem Moment geblieben, die Art und Weise, wie wir einander in die Arme fielen, wie alte Bekannte das tun, als ich in ihrem Englisch meinen eigenen *Jugo-Ton* erkannte und sie gleich in unserer Sprache anredete, ohne ihre Antwort auf meine Frage, woher sie sei, abzuwarten. Beide wollten wir wissen, woher der andere stammte, von woher er aufgebrochen war. Mein Dalmatien und ihr Belgrad waren sich in einem überfüllten römischen Bus nicht eine Sekunde lang fremd.

»Der Krieg wird unsere Liebe niemals zerstören, niemals vollständig auslöschen können.« Es war klar, sie meinte nicht sich und mich, sie meinte die Kroaten und die Serben. Einfach so sagte sie diesen Satz, für mich ohne jegliche Vorbereitung, und er kam mir so normal, so natürlich vor. Ihre Worte klangen in mir nach wie der Widerhall eines tiefen Gebetes, wie jenes »Vaterunser« und »Gegrüßet seiest Du Maria, Mutter Gottes voller Erbarmen«. Diese Gebete hatte ich nie in der Kirche gerne gesprochen. Nur zu Hause sprach ich sie freiwillig, sprach ich sie still vor mich hin, hinein in mein einsames Kindsein.

Die Gebete sollten mich vor der Sprachlosigkeit bewahren, denn manchmal schwieg ich tagelang vor mich hin und bekam selbst Angst, die Wörter und das Sprechen grundsätzlich vergessen zu können. Die Erwachsenen sprachen in diesen Zeiten meines Stummseins über mich hinweg, erzählten sich auch Dinge, die sonst nie in Anwesenheit von Kindern gesagt wurden; ich glaubte in diesen Augenblicken, unsichtbar zu sein, und begriff dann, daß nicht nur mein Körper, sondern vor allem meine eigene Stimme mich zu einem Menschen machten.

Und vor den Schlangen beschützten mich die Gebete, die in meinen Träumen unter meinem Bett wohnten. Diese Schlangen habe ich in der deutschen Sprache Windung für Windung durchschauen gelernt. Dafür danke ich keiner Kirche, um so mehr aber dem richtigen Himmel und seinen fleißigen Bediensteten, die in den Buchstaben der Gebete ihre Leuchtspur für mich auslegten und mich wissend machten, die mich lehrten, daß Einsamkeit und Not auch eine Entscheidung sind, die wir Menschen für uns selbst bereits als Kinder treffen.

Draußen sah ich meine jugoslawische Romana stehen. In einem mir fremden Rom war sie nun zwar nicht ganz heimisch geworden, hatte aber versucht, in dieser Stadt zu leben und die Straßen Belgrads nicht mit denen hier zu vergleichen. Sie stand draußen und wartete, bis der Bus wieder anfuhr, wir winkten einander, bis wir uns nicht mehr sehen konnten. Eine Station weiter stiegen die Menschen geschäftig ein und aus. Wie betäubt fuhr ich mit dem Bus weiter, und als ich begriff, was ich da gerade erlebt hatte, stieg ich wie kopflos aus, setzte mich draußen auf eine Bank, horchte in meinen Brustkorb hinein, bereute, nicht mit der Frau zusammen ausgestiegen zu sein. Ich war einfach weitergefahren, als sei mein ursprüngliches Ziel lebenswichtig. Dabei hatte ich es jetzt sogar vergessen.

Jugostalgija war das nicht, wie gemeinhin die Nostalgie, die Sehnsucht nach dem ehemaligen Jugoslawien genannt wird. Niemand wird mir weismachen können, daß es sich um eine Sehnsucht nach Vergangenem gehandelt hat. Obwohl wir weinten, war es das reinste Gegenteil von Vergangenheit. Das Ankommen in diesem Moment hatte nichts zu tun mit *nostos* und nichts zu tun mit *algos*.

Es war gleichsam ein Erkennen, ein gemeinsames

Sprachmensch-Sein; am ehesten noch zu beschreiben mit dem Wort Heimwehe (nach meinem Wissen erstmals 1688 in der Dissertation des Schweizer Arztes Johannes Hofer erwähnt). So etwas wie ein Angewehtsein von einem vertrauten Wesen war das, als habe in ihm, und zeitgleich auch in mir, ein Wind gewohnt, der eine tiefer gelegene Sprache kennt, einen Urgrund, in dem die Geburt einer neuen Zeit so etwas Einfaches wie ein Lächeln war; ein Wort; die unmittelbare Freude am Anderen; das unmittelbare Schwingen von Zelle zu Zelle.

Heimweh war für mich immer etwas nur an Menschen Gekoppeltes, kein Symptom und kein psychologisches Problem, etwas, das mich mit einer einzelnen Erscheinung, mit einem bestimmten Gesicht, mit einer ganz einzigartigen Menschenwärme verband. Der Komponist und Sänger Goran Bregović und der Filmemacher Emir Kusturica sind für mich nicht Vertreter eines Volkes oder eines einstigen Staates, sie sind für mich eigene Länder, die mit ihrer ureigenen Kraft sich selbst zu bewohnen versuchen. Jeder Mensch, ob Architekt, Gärtner, Dichter, Mathematiker oder Archivar, ob Putzfrau, Briefträger, Wäscherin oder Taxifahrer, jeder ist ein Land, in dem die Geburt des Sterns erwartet wird, in dem die Vögel umherfliegen, die Zeit Purzelbäume schlägt, auf das Ende ihrer Illusionen wartend, ein Land, in dem auch die Seeräuber kostbare Entdeckungen machen, ohne gleich Diebe zu werden.

Goran Bregović und Emir Kusturica tragen etwas mit sich, das mich ihnen zugehörig fühlen läßt. Es ist ein intergalaktisches Gefühl, auch ein familiäres, das zu ergründen mir schwerfällt. Ich könnte genauso sagen, daß ich mich mit Marina Zwetajewa lebensverwandt fühle, mit ihrer Radikalität verschwistert, die zu überwinden ich aber sinnvoller finde, als sich ihr zu ergeben. Dennoch, ein Nachhall ist da, wieder im Brustkorb, wie beim Lesen und Schreiben von Gedichten. Aber es ist ein anderer Nachhall.

Das Volk kann es nicht sein. Jugoslawien stand für sich selbst, nicht für ein Nationalgefühl, jedenfalls ist es für mich nie an ein solches gebunden gewesen. Als Kind leidet man auch nicht an einem System, man macht es mit, will es verstehen und sogar gut beherrschen. Später begreift man das Unheimliche des Systems, kann die Auswirkungen der klinischen Verordnung zur »Gleichheit« empfinden. Falsch ist es mir bis heute nicht erschienen, das Innere einer Wesenhaftigkeit zu leben, zu suchen und sich diese Gleichheit, das Verbindende zwischen Völkern und Menschen zu wünschen. Oft genug ist es schwer, das wahrhaft zu leben. Gelingen kann es nur, wenn jeder sich das Ureigene erhält. Gelingt es nicht, ist es kein gesamtgefügiges Erleben, es ist immer ein eigenes, persönliches, ganz und gar singuläres Scheitern. Das Zerschellen an den eigenen Vorurteilen. Ein Zugrundegehen an sich selbst.

Was die jugoslawischen Gefühlsgefilde betrifft, ich will nichts zurückhaben, was alt ist. Kalter Kaffee soll schön machen, sagen die Leute, aber er hinterläßt einen eigenartigen Nachgeschmack auf der Zunge und vermittelt einem langsam, aber sicher ein häßliches Gefühl, als habe man jetzt Mundgeruch, für eine richtige Dauer.

Trotzdem gibt es in der Vergangenheit, und diese ist nicht identisch mit dem Alten, einen Augenblick, der sich nicht verbrauchen läßt, der nicht erkalten und einen unangenehmen Nachgeschmack verursachen kann. Nur mit dem eigenen Atem kann dieser Augenblick wiedergefunden werden, als Teil eines Reservoirs, der an dem Gewebe unserer Seele mitschreibt. Die Seele selbst ist Sprache und Lebensgefühl. Eine Übersetzung aus dem Lungengebiet. Eine Form und Art von Gegenwart. Ein Depot der Erinnerung, das sich von der Zeit losgerissen hat und flügelversehrt in das Eigentliche fliegt. Wo auch immer dieses Zuhause sich befindet, wie es auch die deutsche Romantik zu umspielen versucht hat, es hat so viele Namen, wie es Menschenherzen gibt. Es wächst mit dem menschlichen Bewußtsein, wird immer vollständiger und größer, variiert, wiederholt, umpflügt, darin der Kunst der Fuge gleichend.

Manche Menschen können nur wachsen, wenn ein Zusammenbruch geschieht, im Außen oder im Innen, und meist hängt das eine mit dem anderen lebensmathematisch genau zusammen. Eine fremde Luft kommt in unser Gefüge, und was im Außen das Exil sein kann, kommt im Innen einer Tragödie gleich und ist oft das Ende einer Täuschung, der man als Mensch selbst erlegen ist. Das Leiden ist aber nichts von außen Aufgezwungenes, es gehört uns auch nicht, wir können es loslassen und wegschicken. Am meisten tut es ohnehin weh, daß wir uns selbst nicht vergeben können. Deshalb ist der Schmerz stetig und oft auch Brücke der Illusionen; dadurch das Bleibende.

Ich habe jeden persönlichen Zusammenbruch in meinem Leben als den überfälligen Versuch einer inneren Quelle empfunden, mit mir ins Gespräch zu kommen und mir eine neue Fährte anzutragen. Hatte ich das mehrmalige Anklopfen überhört, und Gründe gibt es dafür mehr als genug, der Zusammenbruch war immer gekommen, wenn ich übersehen hatte und weiterhin standhaft uneinsichtig blieb, daß es einer Erneuerung bedarf und ich mir nun selbst, unter trägeren Bedingungen, werde heimleuchten müssen.

Jugoslawien ist zusammengebrochen, ohne mich um eine Erlaubnis zu fragen. Ich kann und will es nicht einmal in Gedanken verhindern. Es ist, wie es ist. Aber ich möchte daraus für eine Gegenwart lernen, die es bei jedem Schritt immer wieder neu zu meistern gilt. Vielleicht ist es wirklich wahr, daß die Luft, in die man hineingeboren wird, schon die Sehnsucht in die Wiege legt, deren man später immer teilhaftig zu werden versucht. Meine Luft ist der Mediterran. Alle Ufer Europas. Die Schönheit der Lichter auf unserer Erde.

5

Die Musik von Bijelo Dugme hat mir oft beim Heimleuchten geholfen, hat Augenblicke erhellt und Brücken gebaut zu einer unter der Haut wohnenden Freude. Auf eine Art erlebte ich das, als sei diese Freude einfach nur das Zeichen für Leben, als bedeute sie das Gewahrwerden des Lebens, ganz gleich, ob es eine gute oder eine schlechte Zeit war. Meistens wissen wir Menschen nicht, was wir einem anderen bedeuten.

Jedes Wesen ist eine in sich gefügte, lebendige Sprache. Ein Passant, eine Verkäuferin, ein bonbonlutschendes Kind. Oder ein Fahrlehrer, der uns Sätze sagt wie »Bleib in Bewegung. Es ist immer die Bewegung. Darauf kommt es an. Mache dich bemerkbar.« Manchmal sagen wir nur ein Wort, summen etwas vor uns hin, und ein anderer empfängt es wie eine Nachricht aus der Radioröhre, mit dem inneren Dank der Ohren.

Seit der Gründung seiner Band im Jahre 1974 hat Goran Bregović viele solcher Nachrichten ausgesandt. Seine Lieder, eine Mischung aus Tradition, Folklore und Rockmusik, haben Tausende von Jugoslawen gehört. Mein ureigenes Jugoslawien wird zu Teilen *für immer* diese Musikband sein, diese Leute, die soviel Kraft und Liebe in sich trugen, als sie beispielsweise das Lied »Ima neka tajna veza« sangen. Es handelt von einer stillen Anbindung an die unsichtbare

Welt. Wörtlich übersetzt heißt das »Es gibt eine geheime Verbindung«, das klingt im Deutschen gleich nach KGB, aber in meiner ersten Sprache beschreibt es eine mystische Augenblickshaftigkeit, erzählt von einem Lichtgefüge, von einem unsichtbaren Zusammenhang, der uns trägt und auf den Weg ins Menschsein bringt; »der uns beschützt und der uns hilft zu leben«, wie es auch in dem Gedicht »Stufen« von Hermann Hesse heißt.

Im Jahre 2005 hat sich Bijelo Dugme ein letztes Mal zusammengetan, um in drei einst jugoslawischen Metropolen ein letztes Mal aufzutreten. Sarajevo, Zagreb, Belgrad. Zweihundertfünfzigtausend Menschen sangen die alten Lieder allein in Belgrad mit. In Sarajevo regnete es, das hielt aber niemanden davon ab, Wind und Wetter singend standzuhalten. Auf einer von Fans eingerichteten Homepage von Bijelo Dugme ist über das Konzert in Zagreb nachzulesen: »Für diese drei Stunden, die das Konzert dauerte, hatte man das Gefühl, in seiner alten Heimat Jugoslawien zu sein, und es hat niemals einen Krieg gegeben.« Die Homepage wird von Leuten verantwortet, die in Deutschland leben und von hier aus alles weltweit für die ausdauernden Dugme-Fans archivieren.

Goran Bregović' Weltkarriere als Filmkomponist hat mit dem Zusammenbruch Jugoslawiens begonnen. Schon in jugoslawischen Zeiten waren er und seine Gruppe keine Unbekannten, traten sie in allen großen Städten Osteuropas auf, aber auch in New York, Paris und London. Mit Emir Kusturicas Film »Time of the Gypsies« gelang es ihm endgültig, sich musikalisch zu etablieren. Kusturica nannte man schon damals »Fellini des Balkan«, und sein Film wurde auf dem Filmfestival in Cannes in der Kategorie »beste Regie« ausgezeichnet. *

Als ich vor einigen Jahren nach Paris gezogen war, fiel mein Blick gleich an der Gare de l'Est auf Plakate, die ein Konzert von Bregović im sagenumwobenen Olympia ankündigten. Ich glaube mich von diesen Plakaten wie von einem besonderen, mir lieben Menschen gegrüßt. Es fühlte sich an, als würden hier, an einem mir noch weitgehend fremden Ort, an dem ich eine neue Sprache erlernen wollte, meine ersten Wörter, meine Herkunft auf mich einreden, auf die Art der Stummen sprach all das zu mir, nahm mich bei der Hand, und an den darauffolgenden Tagen sah ich die Plakate überall, an der Métro Odeon hingen sie, auf den Boulevards Saint Germain und Saint Michel, bei der Métro Charles de Gaulle, am Louvre, an der Bastille, und auf dem Boulevard Beaumarchais lächelte mich Goran Bregović an.

Die Plakate waren Mittler eines mir zugeeigneten Echoraumes, der, hätte man ihn von außen lesen können, mit niemand sonst eine ähnliche Resonanz aufgenommen hätte. In mir aber blieb das Erlebnis des Begrüßtwerdens als ein wesenhaftes abgespeichert.

Als ich begann, das Französische zu erlernen, bemerkte

ich, wie unter der feinen deutschen Wetterwörterschicht, unbekümmert und fern jeder Formhaftigkeit, mein unmittelbarer dalmatinischer Dialekt lebte, einzelne herzegovinische Wörter in meinen Gedanken auftauchten, das Kroatische, das einstige Serbokroatische, auch osmanisch Klingendes aus der Gegend meiner Mutter, die in der Nähe von Mostar zur Welt gekommen ist. Was in mir als Kind gefiebert und gearbeitet hatte, zeigte sich hier.

Mitten auf der Place de la Contrescarpe sah ich das Meer von Split vor mir, hörte die Kellnerinnen laut »adio« und »ciao« rufen, als befinde man sich mitten in Italien, mit einem lauten Nachgeschmack im Klang, mit farblichen Einsprengseln und der Bewegung der Wellen. Nicht das Deutsche lag also als Sprachgerüst für die neue Sprache in mir, sondern zu meiner großen Überraschung am Ende doch die Muttersprache. Die erstsprachlichen Wörter redeten förmlich auf mich ein, traten hier hervor, frohlockten dort. Diese Entdeckung war ein Glückserlebnis für mich. Ein schockhaftes.

Mit der Erinnerung kam auch meine jugoslawische Kindheit heraufgetönt, vorher hatte ich immer nur an meine Kindheit als solche, in ihrer Urform gedacht, an Landschaften, an das Wetter, die starken Winde in der Winterzeit. Auch jetzt blieb all das, blieb erhaben über die Zeit, vor allem der unbestechliche Karst leuchtete, als habe er ohnehin jenseitig gelebt, fern jeder irdischen Tragödie und dennoch ein Zeuge irdischer Jahreszeiten. Für mich sind Herbst,

Winter, Frühling und Sommer Verwandte der Zahl Vier, die ich in all ihren Zusammensetzungen liebhabe, die sich mir immer als Vollendung einer Zeit, als Gipfel des Neubeginns erzählt hat und durch die ich begriffen habe, daß es auch geistige Jahreszeiten gibt. Solche, die nur mit den inneren Sinnen erlebt und empfunden werden können. Das Leben selbst ist eine solche geistige Jahreszeit, eine fortwährende Häutung des Inneren; dieses Innere ging spiralenförmig immer weiter in seine eigene Tiefe, und hatte ich es einmal gefunden zu haben geglaubt, entzog es sich wieder, zeigte wieder eine andere Schicht, so daß ich einmal dachte, das Innere sei verwandt mit dem Unendlichen (mit dem Unendlichkleinen und mit dem Unendlichgroßen).

Manchmal habe ich mir vorgestellt, Jugoslawien habe sich um die Vier gewunden, wie ein Mensch, der sich nicht verändern will und darauf beharrt, alles beim alten zu lassen. Ganz anders jene alte Frau am Frankfurter Hauptbahnhof, die, mit ihrem nach hinten gebundenen blumenbestickten Kopftuch, auf einmal am Perron stand und der einzige Mensch war, der mir in mein neues Leben winkte.

Bevor ich meine Wohnung im Frankfurter Nordend endgültig aufgelöst und alle Dinge, Gegenstände, Bücher, Regale, Küchengeräte an Freunde und Bekannte weitergegeben hatte, kam es zu einem merkwürdigen Streit mit meiner ganzen Familie. Ich schaffte es, mich mit jedem einzeln auf eine eigenartige Weise zu verkrachen, obwohl ich nur für vier Tage aus Paris angereist war, wo ich bereits ein kleines Studio in der rue Oberkampf im elften Arrondissement hatte mieten können.

Zum ersten Mal in meinem Leben sprachen meine Schwester und ich nicht miteinander. Meine Mutter versuchte ungeschickt zwischen uns zu vermitteln und nannte mich immerzu ihre kleine Maus, was mich ungeheuer zornig machte, denn sie wiederholte diesen Satz immerzu, am Telefon, mit einem nach Rache klingenden Unterton. Irgendwann verschwand das scheinbar liebkosende Wort »meine« und übrig blieb nur das mich erschütternde »kleine Maus«. Ich erinnere mich an die Absurdität dieser Unterhaltung, als habe sie gestern stattgefunden, die ich ernsthaft als eine Bedrohung erlebte und während der ich immer wieder auf den Muttersatz »Du bist eine kleine Maus« mit dem Tochtersatz »Nein, ich bin ein großer Löwe« antwortete, bis wir uns von Zorn erschöpft voneinander verabschiedeten.

Der Bruder hatte mir versprochen, die restlichen Bücherregale abzubauen, bevor ich am nächsten Tag in der Frühe zurück an meinen neuen Wohnort fahren würde. Er kam nicht und nahm auch das Telefon nicht ab. Von allen im Stich gelassen, montierte ich dann die Regale selbst ab, bis Leon, ein Freund meines Bruders, kam, den meine Mutter doch noch aufgetrieben hatte, der alle Regale mitnahm. Übrig blieb in der Wohnung nur mein kleiner Futon, der frühmorgens vom Besitzer eines Friseursalons aus der Lenaustraße abgeholt werden sollte.

Mein Koffer und was in ihn hineingepaßt hatte, war nun mein einziger Besitz. Als ich auf den Zug wartete und dieser auf der Anzeigetafel schon angekündigt wurde, kam die Blumenkopftuchfrau und fragte mich, wohin ich reise. Nach Paris, sagte ich. Nach Paris! wiederholte sie erstaunt. Und sagte: Aber so allein!

Nicht nur, daß mich das unendlich rührte und ich an meine treulose Familie erinnert wurde, die mich nicht einmal richtig verabschiedet hatte, die Frau hatte hinzu einen mir so tief vertrauten Klang in ihrer Stimme, daß ich sie fragte, woher sie sei. Natürlich sagte sie, aus Jugoslawien, und dehnte dabei das a in die Länge, ein a wie es typisch für die südslawische Aussprache ist. Warum mich dieses a derart traurig machte, weiß ich nicht mehr. Die Frau war hellauf erfreut und sagte, sie habe mich nicht für eine Jugoslawin gehalten. Dabei gab es zu diesem Zeitpunkt bereits zehn Jahre nicht mehr dieses Land, in dem ich geboren worden bin und die ersten neun Jahre meines Lebens verbracht habe.

Als ich in den Zug stieg, ging sie mit mir, berührte mich zärtlich mit ihrer Hand an der Schulter, schon ihre Augen hatten das getan, als bedürfe ich auf meiner Reise in das Unbekannte gerade an dieser Stelle meines mitten im Sommer frierenden Körpers eines ganz besonderen Schutzes. Ich weinte und lächelte in einem, sah sie wortlos an, und plötzlich half sie mir, den Koffer in den Zug zu hieven. Bevor die Türen sich schlossen und ich meinen Platz suchen ging, segnete sie mich mit den einfachsten Worten, die durch ihr Herzlandge-

biet zur reinsten Liebe erwuchsen und mich überall begleitet haben, wie ein Himmelssurrogat, wie eine aus dem Nichts aufgetauchte Mutter ist sie für mich gewesen.
Eine Art sprechender Engel.

> Bog ti pratio svaki tvoj korak.
> Gott begleite jeden Deiner Schritte.
> Uvjek ti Bog držao tvoju ruku.
> Stets halte Gott Deine Hand.
> Bog ti ljubio svaku tvoju suzu.
> Gott küsse jede Deiner Tränen.

Dann schlossen sich die Türen, und ich winkte ihr zu wie einem mit mir verwandten Menschen, als sei sie aus einer anderen Zeit gekommen, so stand sie da, mit ihren ruhigen Schultern, ihrem dunkelblauen Rock und ihrer wie selbstgenäht wirkenden Bluse, ebenso aus dunklem Stoff. In allem glich sie den Menschen meiner Kindheit. Eine schlichte Frau, mit geflochtenen Zöpfen und einem lieben, herzerweichenden Gesicht. Jetzt, da es Jugoslawien nicht mehr gibt und dies gute und schlechte Gründe zugleich hat, denke ich zum ersten Mal, daß in allen unseren Ländern Unterländer wohnen, wie Unterröcke unter den Röcken der Frauen. Immer noch ein anderer Rock, ein anderer Schutz ist dem Land vorgelagert.

Durch den Entzug des Vertrauten begann ich das noch Tiefere zu suchen. Wer könnte sagen, mein Bahnhofserlebnis mit der treuen Frau sei einem Land zuzuordnen, einer

Grenze, einem Paß? Wer könnte das ernsthaft sagen, wenn er das Innengebiet der Seele zu betreten bereit ist. (Oder das Gedicht des Ibn Arabi kennt, es zu leben bereit ist, in dem es heißt: »Mein Herz ist fähig, alle Formen anzunehmen / Eine Weide für die Gazellen, ein Kloster für den Mönch / Tempel für die Götzen und eine Kaaba für die Umkreisenden / Die Tafeln der Torah und eine Handschrift des Korans / Ich bekenne die Religion der Liebe, wohin auch immer / Ihre Karawane mich führt. Die Liebe ist mein Glauben und meine Religion.« Danke, Lebensstern, daß Du mir diese Zeilen geschenkt, übermittelt hast.)

Aber der antrainierte nationale, geographische Reflex macht uns glauben, wir bräuchten eine nationale Identität. Warum sagen wir nicht, wir brauchen eine Orientierung und wir möchten sie Identitätskarte nennen? So wüßten unsere Kinder, daß die Orientierung nichts Festes ist, daß sie nichts ist, was wir verteidigen müssen, wofür wir sterben und töten wollen. Wie unbesitzbar Nationalität ist, merkt jeder, der sich nur ein bißchen hinauswagt, weg aus seiner staubig kleinen, hinein in eine größere Welt. Das Größere ist immer das uns noch Unbekannte. Es ist nicht das Fremde. Das Fremde ist eine Erfindung der Ethnologen.

Ich möchte die Welt einfach betrachten, trotz anderer Beispiele möchte ich auf ihre Unversehrtheit, auf die Fähigkeit eines liebenden Einzelnen setzen. (Und selbst wenn ich mich darin täuschte, ist meine Handlung vernünftig, nicht weil sie romantisch ist, sondern weil sie zeigt, daß wir bereits in Gedanken tätig sind.)

Vielleicht rührt die erste erlernte Sprache bei jedem Menschen an ein verschüttetes Gefilde von Gerüchen, Farben, erstmalig gelebten Sehnsüchten. Ich erlebte die Unvergänglichkeit eines Augenblicks genau in dem Moment, in dem ich nicht nur meine Familie verließ, obwohl ich zu diesem Zeitpunkt schon fast zehn Jahre nicht mehr mit ihr gewohnt hatte, sondern auch aus der zweiten in eine dritte Sprache zog. Erst das Loslassen zeigte mir, was ich bereits besitze. Es kommt mir aus der Rückschau so vor, daß die wartende dritte Sprache, das wartende dritte Land mir Brücke gewesen ist für den sich schließenden Kreis, für das schwierige Anerkennen meiner Herkunft in mir selbst. Sonst hätte dort am Frankfurter Bahnhof mir auch irgendein Bediensteter des Zuges helfen können, den schweren Koffer vom Bahnsteig ins Zuginnere hinaufzustemmen. Oder ein charismatischer Italiener, der nach Vanille riecht. Ein höflicher Portugiese. Eine kompakte deutsche Person. Aber nein. Es war eine Frau, die aus meinem dalmatinischen Hinterland hätte stammen können und die sich, genauso wie ich, noch immer im Echoraum Jugoslawiens bewegte.

6

Woher rührte dieser Echoraum? Es kommt mir vor, als bräuchten unsere Synapsen etwas länger, bis alle aktuellen

Informationen an der zentralen Verwaltungsstelle angenommen und an der Bildwelt der Erinnerung vorbeige-
schleust werden können. Mag sein, daß es auch an einer
inneren Lähmung lag, die aus der Rückschau besehen
lächerlich erscheint. Denn deutlicher hätte dieser Aspekt
der endenden jugoslawischen Wirklichkeit nicht sprechen
können. Lange begriff ich überhaupt nicht, wie sehr sich die
Sprache meiner Kindheit in mir abmühte, das alte Leben
loszulassen.

Ich hatte nicht vor, meine Erinnerung aufzugeben, auf
diese abwegige Idee kam ich überhaupt nicht; nicht einen
Moment lang wäre es mir natürlich erschienen, mich der
akribischen neuen Worterfinderei komplizenhaft unterzu-
ordnen. Aber es hilft auch nichts, an der falschen Stelle ein
Träumer zu sein und sich selbst zu betrügen. Präzise träumt
nur jemand, der die Gegenwart kennt. Sie läßt sich nicht
erleben ohne die Kenntnis der Vergangenheit.

Manchmal ist Träumen das richtigere *Sehen*. Dennoch hat
es über zehn Jahre gedauert, bis ich den alten Paß, das alte
Land, jenen merkwürdigen jugoslawischen Zustand losge-
lassen hatte. 1983 hatte ich als neunjähriges Kind, zusammen mit meinen Geschwistern, das Land verlassen, hatte bis
dahin an jeder Maiparade teilgenommen und die Pionier-
mütze getragen wie alle anderen Kinder auch. Einer meiner
ersten Lehrer hieß Bernard. Es war üblich, die Lehrer mit
»Genosse« anzusprechen. Das sollte unsere Brüderlichkeit

ausdrücken. Natürlich fühlte keines von uns Kindern, was dieses Wort tatsächlich bedeutete, und warum wir es sagen mußten, leuchtete uns nur ein, weil es alle sagten. Die Wiederholung solcher Wörter machte uns zu gehorsamen kleinen Wesen, die genau spürten, wenn jemand Angst hatte, uns aber diese als Stärke getarnt verkaufen wollte.

Einer der Gründe, weshalb die sozialistische Gleichheitsidee in der Realität gescheitert ist, war mit der Vorstellung der Machthaber verknüpft, Menschen *eine Sprache* zu verordnen. Sie lassen sich dadurch zwar kontrollieren, das ist gewiß, mit Brüderlichkeit hat das aber nichts zu tun, will diese stets neu gelebt, neu empfunden sein. Selbst ein Mensch wie Nazim Hikmet ist an ihr zugrunde gegangen, und er ist wohl ein glaubwürdiger Mensch gewesen, der es ernst gemeint hat, herzensernst, wenn er jeden seiner Mitmenschen mit dem Wort *Bruder* ansprach. Wir Kinder dachten aber überhaupt nicht so weit, verstanden auch nicht den Unterschied zwischen der katholischen und der sozialistischen Forderung nach »Geschwisterschaft« mit allen Menschen. Wir litten an Dingen, an denen alle Kinder leiden: ich an der Abwesenheit meiner Eltern, an der Armut und meiner eigenen Ungeschicktheit, die mich immer von den anderen trennte und als einen typischen Verlierer-Fall unserer Familie darstellte. Im Dorf trug man uns immer noch unser einstiges Keuschlerdasein nach. Soviel hatte ich als Kind schon verstanden, auch im Kommunismus brauchte man Geld, um angesehen und jemand mit Bedeutung zu sein.

Soviel lassen sich Menschen einfallen; um bloß ein bißchen geliebt zu werden, sammeln sie sogar Geldscheine!

Genosse Bernard, den ich immer zusammen mit der Farbe Rot denke, zeigte mir als erster, was mit einem ungehorsamen Kind in einem sozialistischen Schulhaus geschehen konnte, wenn das Großauge aufmüpfig wurde. Ich erinnere mich nur, daß ich ihm oder einer anderen wichtigen Person zuwidergehandelt hatte. Bei was, das weiß ich nicht mehr. Der Vorgang selbst ist wie ausgelöscht in mir. Nur seine Auswirkung hat sich mir eingeprägt.

Meine Erinnerung setzt erst in jenem Moment ein, in dem Genosse Bernard eine Haselrute in der Hand hat und mich auffordert, beide Hände auszustrecken. Wie tief entschieden ich war, nicht eine Regung in meinem Gesicht zu zeigen, das weiß ich noch sehr genau. Zehn Mal schlug er auf die eine, zehn Mal auf die andere Innenhand. Erst als ich die Hände mit den Knöcheln nach oben drehen sollte, begriff ich, daß mir weitere zwanzig Schläge bevorstanden.

Unsere Augen sahen einander an, als würden sie sich jetzt allein unterhalten. Noch immer gab ich keinen Mucks von mir, veränderte kein bißchen meine Miene. Als die Rute auf die Knöchel auftraf, verspürte ich einen irrsinnigen Schmerz, unter dem ich mich wie ferngesteuert duckte. Es kommt mir vor, als habe dieser eine Schlag eine präzise Botschaft an meine Kniekehlen weitergeleitet, und jeden weiteren Schlag lang sackte ich ein bißchen mehr in mich zusammen, bis mir doch die Tränen über die Wangen liefen und ich es nicht einmal mehr schaffte, sie schnell mit meinen Händen wegzuwischen, so ertaubt waren sie, so ohne Kraft und Regung, daß ich zum ersten Mal mit meinem ganzen Kinderherzen einen Menschen zu hassen begann. Bis zu diesem Zeitpunkt hatte ich mich nur vor den anderen gefürchtet und nicht gewußt, daß ich sie statt dessen auch hätte verachten können.

Niemals mehr habe ich ein solches Gefühl empfunden, nicht einmal gegen meine Mutter, die oft aus ihrer Hilflosigkeit heraus auf mich einschlug, später, als sie nicht mehr jung und schön war, wie sie selbst sagte, vor allem aber, weil ich sie, wie sie ebenfalls sagte, an sie selbst erinnerte. Wie aus dem Gesicht war ich ihr geschnitten, und vom Mond aus sah man, daß ich ihre Tochter bin.

Ihre offenkundige Schwäche berührte mich, verstrickte mich immer mit ihrem Schicksal, und manchmal sagten Zdravka und ich, wenn Mutter jetzt lieben könnte, würde sie es tun, sie kann es nicht, und wir, mit unseren pochenden Fingerkuppen, dachten uns ein Herzspiel aus, nach dem wir nur ja mehr lieben wollten, soviel mehr, bis es ausgeglichen war und der andere Mensch sich nicht mehr anstrengen müßte, etwas zu geben, was ihm selbst nicht gegeben worden war. Unserer Mutter erzählten wir nie von diesem Spiel. Aber dem Bruder. Und auch er machte mit, er machte alles mit, was uns froh und fröhlich machte, sooft er nur konnte.

Zwei Jahrzehnte später schien unser Spiel Früchte zu tragen, es wendete sich alles, und auch wir erkannten, an welchen Stellen wir Geben und Nehmen verwechselt hatten. Waren wir damals in die Ferien nach Jugoslawien gefahren, drehte das Spiel sich von selbst um, jetzt sprühte die Mutter vor Kraft und Lichtvermögen, beschenkte uns mit jedem Blick, mit jeder Berührung, beiläufig oder gezielt. Die Freude wurde ein Teppich liebster innerer Aufgeregtheit. Der bloße Name »Jugoslawien« machte uns Kinder zu starken koffertragenden Wesen.

Dabei wurde nichts verlangt von uns, wir wollten bloß alles beisteuern, damit es endlich losging. Es hätte auch Tujaland, Lindusien oder Lichthasien heißen mögen, uns Kindern ging es nicht um den Namen, es ging uns um das Land, in dem alle Menschen wohnten, die zu uns gehörten, unsere unzähligen Cousinen und Cousins, die Tanten, die Onkel, die väterliche, die mütterliche Verwandtschaft. Die dalmatinischen Schiffe tanzten in meiner Vorstellung auf dem Meer für unsere Ankunft, die herrlich grünen Ebenen der Herzegovina, dort kannte man uns, dort waren wir jemand mit einem Namen; dort wußte man Geschichten über uns, die wir selbst vergessen hatten, Leute lebten dort, die unsere ersten Wörter, unsere ersten Gehversuche miterlebt hatten, uns dabei stützend, mit uns lachend.

Aber auch solche gab es, die *über* uns gelacht hatten, über das Wörtergemisch, das wir von uns gaben, den dalmatini-

schen Dialekt, die herzegovinischen Einsprengsel, Redensarten auch, das gefiel nicht allen, und ich nehme an, daß
diese Leute öfter geschlagen worden sind als ich selbst, daß
es einen *Genossen* in der Familie, einen in der Schule und
wohl auch einen in der Kirche gab, auf jeden Fall überall
einen, der schlagen konnte. Alles, was Menschen erhalten,
geben sie an andere Menschen weiter. Später nennen wir etwas Grausamkeit, was Präzision der Erfahrung ist und was
in uns gelblich eitert, um sich einmal zu entladen, aufzuplat-
zen und zu zeigen, was für ein Geschwür da in uns wohnt.
Wir nehmen Rache an unserer Erfahrung. Wir geben weiter,
was wir geschluckt haben. Wir wissen nicht, wie wir sonst
leben können. Wir würden andernfalls von innen heraus
vereitern.

Da wir zwischen Dalmatien und der Herzegovina aufwuch-
sen, lernten wir die Dialekte beider Gegenden. Einmal
entzündete sich im dalmatinischen Dorf ein Gelächter an
dem herzegovinischen Wort für Handtuch, *peškir*. Meine
Schwester hatte es gesagt. Ich glaube, es gefiel ihr besser als
das Wort *ručnik*, wie es im Hochkroatischen hätte richtig
heißen müssen und wie die Leute in Dalmatien es auch ge-
brauchten. Zwei grundverschiedene Wörter waren das also,
und je nachdem, in welcher Gegend wir das eine oder das
andere sagten, wußte man gleich, ob wir Fremde oder Zu-
gehörige sind.

Natürlich geschah uns Kindern immer die Fremdheit,
wir hatten immer das Gespür für sie; wie etwas aus der

Luft kam sie über uns, und wir sagten, als seien wir gerade dafür mit einer Begabung auf die Welt gekommen, immer an der falschen Stelle das falsche Wort. Vielleicht haben die Erwachsenen nur darüber gelacht, weil die Worte in ihren Ohren komisch klangen, wir aber glaubten, mit uns stimme etwas nicht und zweifelten an uns selbst. Die Wörter waren uns in den ersten Jahren tiefste Weltmittler geworden, und ihretwegen liebte oder verstieß man uns. So erlebten wir es. So ist es für uns gewesen. Jedes Wort konnte leuchten. Oder ein häßliches Gesicht der Schuld tragen, mit schweren Gewichten, so daß wir verschwinden wollten und kaum die Nähe zu einem unserer spottbereiten Dörfler ertrugen.

Jugoslawien war für mich aber vor allem ein Land, in dem ich neun Jahre lang ohne meine Eltern lebte, die im Ausland arbeiteten und ein, zwei Mal im Jahr zur Ferienzeit kamen. Mich an diese ersten Jahre meines Lebens zu erinnern heißt auch immer, die unaussprechbare Sehnsucht nach meinem Vater und nach meiner Mutter wieder zu erinnern, die mir mit jeder ihrer Abreisen nach Deutschland ein größeres Herzensgepäck daließen, werden sie je wiederkommen, fragte ich mich, vielleicht fuhren sie so weit weg, daß die bloße Weite des Landes mich vergessen machen und aus ihren Elternherzen entfernen würde, wie einen lästigen kleinen Gegenstand, eine Art Nierenstein, der für nichts gut war und einem beim Gehen nur Schmerzen bereitete.

Jene früh erworbene brustzerberstende Einsamkeit hat mich lange nicht verlassen. Heute noch geschieht es mir, daß ich mitten unter Menschen einsam bin, eingezogen in mich selbst als das Haus meiner Erinnerung, wie damals, als die Eltern fortgegangen waren, und mochte wer auch immer da neben mir stehen, eine Tante, ein Großonkel, ein Cousin, eine Nachbarin, als die elterlichen Körper und Gesichter verschwunden waren, war mein Schmerz grenzenlos, meine Sehnsucht ohne Namen. Aber nie weinte ich, aus Angst, sie könnten böse auf mich werden, weil ich ihnen dadurch die lange Reise unnötig erschwert hätte. Jedes Mal schien es schlimmer zu werden, einen neuen Abschied hinzunehmen, ein weiteres Mal in dem großräumigen Haus, das meine Eltern gebaut hatten, allein mit meinem Großvater zurückzubleiben.

Obwohl ich diesen alten Menschen innig liebte, mit meiner ganzen Zärtlichkeit tat ich es, konnte er die Lücke von Vater und Mutter nicht füllen. Wie um es mir leichter zu machen, erzählte er flüsternd irgendeinen Witz über sie, über den Krach, den sie im Haus immer veranstalteten und in dem sie lauthals Forderungen stellten. Das habe sich nun für lange Zeit erübrigt, das müßten wir nicht mehr ertragen, sagte der Großvater, als seien wir zwei Piraten, die nach der Abreise der anderen endlich wieder räubern konnten, ohne mit den Weggegangenen teilen zu müssen.

Nema problema sagten wir dann beide im Kanon und lächelten. Aber jeder Zipfel meines Kleides wurde naß unter meinen schwitzenden Händen, vor Angst, die Eltern könnten doch für immer wegbleiben, nie mehr zurückkehren und uns, mich, ihr Erstgeborenes, in dieser Einöde vergessen, einfach vergessen und mich wie etwas Unangenehmes, etwas, das ihr Leben beschattete, aus ihren nach Deutschland reisenden Herzen schließlich gleich nach der erstbesten Grenze tilgen. Dann hätte ich niemand mehr, dachte ich, zu dem ich gehörte und der Großvater stürbe dann auch noch, malte ich mir aus. Und was bloß geschähe dann mit mir, fragte ich mich, weinte da aber schon lauthals in die Leere des großen elterlichen Zimmers, in dem ich nun allein schlief.

Nur die dicken Steinwände waren die Zeuginnen meiner unruhigen Träume. Danach ging ich aus dem Zimmer, als sei nichts geschehen und hielt Ausschau nach einer unserer unzähligen Katzen, nach einem vertrauten Nachbarsgesicht, nach einer schönen Wolke, die wieder eine neue Form unter meinen über sie wachenden Blicken annahm und ein anderes Körpergefüge erstellte, zwischen dem Saum meiner Wimpern.

Bald, wie von einem größeren Gedächtnis bewacht, fügten sich im begehbaren Bereich meines wachsenden Selbst, zeitgleich zur Trauer, unendliche Möglichkeiten des Auf-der-Welt-Seins, des Liebens, des Glaubens an einen anderen Atem, an einen neuen schönen Sommertag. Wer hätte mein Freund sein können in dieser Zeit? Niemand. Nur die Natur. Ich ertrug den Schmerz nur mit Hilfe der Bäume. Mit ihrer

Stetigkeit und Treue. Nur mit der Schönheit der Schmetterlinge. Nur mit der Vorstellung, in der Luft wohnten auch noch Leute, liebevolle Wesen mit Namen und Herzen und richtigen Geschichten, die man in ihren Augen nachlesen konnte, wenn man nur lange genug und ausdauernd schaute.

Ich strengte mich dafür nicht einmal richtig an. Die Luft wurde ein richtiger Planet für mich. Ein Planetensystem. Der Mangel, obzwar er in mir selbst die dicken Mauern des leeren Zimmers errichtete, lehrte mich vieles, vor allem, mir den Glauben an die Fülle wie eine Zauberformel zu bewahren.

Das Maß meiner Bilder stieg mit dem Maß meiner Sehnsucht. Damals begann ich zu hoffen, es möge einmal in meinem Leben eine mit der Sonne verwandte Mathematik geben, etwas Großes und Gutes, das mich behüten würde, das mich das Lächeln lehren und die Ernsthaftigkeit von meiner Nase retuschieren, austauschen würde gegen eine grünglitzernde Vogelfeder voll Versprechen nach einer warmen Weite und nach einer begehbaren Ewigkeit.

Was nur mochte ich mir damals unter dieser Art von Ewigkeit vorgestellt haben? Vielleicht Gedichte. Vielleicht die väterliche Hand, die auf meiner Schulter ruhte und mich auf dieser Erde hielt, denn nur mit dieser umarmenden Hand fühlte ich meine Füße und wußte immer in der Nähe meines Vaters, daß ich all das hatte, einen Körper, einen Fuß, eine Haut, Schulterblätter, blutende Fingerkuppen, einen kranken kleinen Zeh, einen Bauchnabel, der mit dem der

Mutter irgendwie verbunden zu sein schien. Denn wenn ich sie spürte, ihre ureigene Wärme und Nähe, dann spürte ich sie stets von dieser Mitte aus. Von der Bauchnabelrundung her war sie meine Gebärerin, meine Höhle und mein Unterschlupf. Wie schön ihre Knie waren, damals, als ich mich an ihnen festhielt, eine Einzigartigkeit an Welt, den Saum ihrer Röcke an der Nase zu wissen, gekitzelt zu werden von diesen Farben und Stoffen, in denen sie schön aussah wie eine Schauspielerin. Jemand Vollkommenes. Jemand Unberührbares.

Ich habe heute keinerlei Freude mehr daran, als kleiner Ahasver durch die Weltgegenden zu ziehen. Noch immer glaube ich an die Bewohnbarkeit der Luft, an eine höhere Mathematik, an die guten Lebensgleichungen, und ich habe sie oft auch erfahren. Sie stellten sich nie ein, wenn ich nicht bereit war, etwas Vergangenes ziehen zu lassen. Jetzt erst begriff ich, daß ich offiziell eine Kroatin bin, die in europäischen Städten noch immer allen möglichen Jugoslawen hinterhergeht, um ihre Stimmen zu hören und ihre dazugehörigen Wörter wie weitgereiste Vögel zu erspähen, die mehr oder weniger unversehrt überlebt haben, ganz gleich, ob in Paris, Lissabon, Frankfurt oder Berlin. Und auch begriff ich, wie absurd es eigentlich ist, ein Paßbesitzer zu sein, etwas so Äußeres sein zu müssen und es zu werden, weil man hier auf dieser Erde ein *Jemand* ist, wenn man sich an irgendeiner ausgedachten Grenze als Einheit von Gesicht und Name ausweisen kann.

Und dann aber die Schönheit und Klarheit, diese unendliche Klugheit der deutschen Sprache in dem sprechenden Wort *ausweisen*. Was für ein Wort!

Jemand kann ausgewiesen werden. Und er kann sich selbst ausweisen. Was wäre, wenn uns zeitgleich beides geschähe? Wie sehr erlebe ich in dieser Sprache die großartigsten Formen des Trostes. Nur ein Wort vermag so zu heilen. Aber um gesagt zu sein, braucht es einen Menschen. Da fängt es an, mein irdisches Leben. Mit den Wörtern fängt es an, mich selbst *für mich selbst* zu geben. Eine Sternensaat des Hierseins. Eine Ernte. Segen. (»Das tiefe Staunen der Sterne«, ein Wort Victor Hugos.)

7

In Paris kam alles wieder zurück. Ich erinnerte mich bei meinen regnerischen Spaziergängen an die unzähligen Abschiedstage der Kindheit. Das Erlernen der neuen Sprache schritt einher mit der alten Einsamkeit. Die Luft schmeckte auf einmal nach etwas noch zu Klärendem. Die Weltstadt aus Stein kam mir manchmal wie eine Erfindung vor. Der Stein und das Abgeschlossene, das Vollendete wurden in mir ein Gedanke. Selbst die überzeugendste Wirklichkeit zeigte sich in einem zutiefst schütteren Gewand. Die Stadt verkam vor meinen Augen zu einer richtiggehenden Kulisse. So wirkte manchmal der Pont Neuf auf mich wie ein Gemälde, wie eine aus der Vorstellung entsprungene Manifestation vieler menschlicher Gedanken, und weil Gedanken formende Kräfte haben, war es zu dieser Verdichtung, zu diesem Ausdruck menschlicher Wörter gekommen. Was ich denken kann, rückt Wort für Wort der Wirklichkeit zu Leibe und gibt ihr ein Gesicht. Ehe ich mich's versehen habe, arbeiten die Wörter schon an ihrer Manifestation. Das ging die ganze Zeit so, alles der Zeit nach Gesetzte zog aus und ein, stellte sich hin und zog um, die Bastille, die Sacre Cœur: nur noch Wandernde durch die scheinbare Festigkeit der Stadt.

Die Bäume sahen an manchen Januartagen wie Krüppel aus. Oder es kam mir eben so vor, weil Julien Green die Bäume von Paris einmal so beschrieben hatte und ich aus der Tiefe der Seele mit ihm solidarisch war, obwohl ich zu diesem Zeitpunkt Paris nur aus Filmen kannte.

Ich dachte, wenn ein Mensch, zudem ein Schriftsteller wie Green, so etwas über Bäume sagte, müsse er ein Herzrecht dafür haben, schließlich konnte Julien Green etwas, was viele Schreibende nicht können. Er konnte empfinden. Aristoteles habe angenommen, sagt er an einer Stelle, Bäume seien ganz einfach träumende Personen. Was also, fragte er, denke ein Baum von seinem Henker? Und das wollte ich natürlich auf meinen Spaziergängen, auf denen ich auf solche Träumenden gestoßen war, nicht nur wissen, sondern ganz und gar in mich aufnehmen.

Julien Green gibt mir die Antwort. Er wolle Aristoteles nicht aus falscher Spielfreude eine Stimme andichten, »... denn für ihn sprechen die schweigenden Seufzer der

Verliebten, die Träumereien des einsamen Spaziergängers und das freie ungezwungene Volk, nein, ich will den Vöglein das Wort geben: Was maßen sich all die Experten an, die Fachleute des Beschneidens, des Ausästens oder sonst welcher Bezeichnungen, mit denen sie ihre Missetaten verkleiden. Asphalt und Staub, das wollen sie, und sie ahnen nicht, was Paris mit seinen Grünanlagen ist, wenn man es vom Himmel aus betrachtet.«

Vom Himmel aus betrachtet, versuchte auch ich, mein neues Leben in Paris in Freude zu verbringen. Wie mit einem unsichtbaren Mitspieler abgesprochen, geschah aber in diesem Paris, das wohl nur mein ganz und gar eigenes war, immerzu etwas, das mir und meinem Vorhaben widersprach, ja sogar zuwiderhandelte. Die Widerstände entpuppten sich freilich als richtige Boten, später, wie sich in einem bestimmten Zeitfließen alles nur erst *später* entpuppen kann.

Als habe die erste Sprache ihr Mitspracherecht nun endlich erfolgreich in mir etabliert, hörte ich zu allen neuen französischen Wörtern die ersten muttersprachlichen. Die Fugen klafften, offen lag vor mir eine ganz alte Musik. Im Kino, meistens am Boulevard Beaumarchais, unter dem die Métro fuhr und ein Brummen unter dem Sitz verursachte, lernte ich mit den Filmen die Sprache der Franzosen.

Ich weiß noch genau, daß ich das französische Wort für *Mund* in diesem Kino das erste Mal hörte. Niemand übersetzte es, es war ein Originalfilm ohne Untertitel, aber einen Nachhall des Wortes gab es in mir, wie von selbst. Jedes Mal erlebte ich auf diese Weise ein neues Wort. Der ganze Körper wurde mir im Kinosaal erklärt und übersetzt. Der Körper selbst schien einen eigenen Verstand zu haben. Zu Hause stürzte ich mich gleich auf das Wörterbuch, um den Verstand meines Körpers zu prüfen. Da er ein Talent besaß, wagte ich mich weiter vor, las das Gesamtwerk von Emmanuel Bove auf französisch und die Schlauheit des Widerhalls in meinen Organen mußte eine raffiniertere Form des Verstehens auf sich nehmen. Das ging nicht so glatt wie im Kino. Aber es kam zu erstaunlichen Treffern, die ich ohne große Anstrengung erlangte, wie Tore beim Fußball kamen sie mir vor, diese Wörtertore. Sie regten in mir eine Melodie an.

Eine Musik, die sich klanglich mit dem Denken verbindet, in summender Stille gelang es mir am besten, ein Gespür für Ursprung und Möglichkeit der Wörter zu bekommen. Aber bevor die Sätze ineinanderflossen, gab es in mir noch einiges zu bereinigen. Die Altlast der Sorge machte mich schwer und behäbig. Ständig sorgte ich mich um etwas. Sogar das Verhungern, mitten in der Zivilisation, schien mit einem Mal möglich geworden zu sein. Auf deutsch konnte ich nicht traurig sein, die ersten Schwingen der Muttersprache wollte ich nicht genau erinnern, und das Französische glich dem Atlantischen Ozean, den ich, ausgerüstet mit Gummistiefeln und einem Eimerchen zum Auskippen des Wassers, zu begehen versuchte. Ich konnte mit meinem bloßen Willen gar nichts mehr reparieren. Nichts aufrechterhalten.

Der Heroismus zog sich kurze Boxershorts an, und ich sah Monat für Monat mehr ein, daß das Alleinsein gar nichts Heldisches an sich hat, daß niemand satt wird von einer solchen inneren Haltung. Vor allem aber wurde sie deshalb immer abwegiger, weil ich sie mit keinem Menschen teilen konnte.

Auf diese Art wurde mein Sprachinneres gewendet, und *später,* an einem wundergesättigten blauhimmlischen Julitag, fand ich ein anderes Paris vor mir. Ich schrieb an meinem ersten Roman. Die meisten Menschen hatten die Stadt verlassen. Die Straßen waren leer, angenehm still, kaum fotografierhungrige Touristen unterwegs, ohne die die langen breiten Boulevards fast bescheiden wirkten, die Bäume und die Vögel beschirmten etwas, das versprach Zukunft zu sein, Zukunft, auch meine eigene. Aber zum ersten Mal dachte ich, es könnte schöner sein, in der Gegenwart zu leben, ganz gleich wie bescheiden diese auch wäre, und daß Zukunft auch nur so ein Zauberwort ist, mit dem man uns (vor allem aber wir uns selbst) immer wieder neu in einen Hinterhalt lockt. Wir stellen uns selbst bei der Zukunft in einer Schlange an, warten und warten, daß sie eintreten möge, wie die Waren in unserem sozialistisch durchdachten Jugoslawien, die dann auch irgendwann kamen, mit dem Ergebnis, daß alle im Dorf den gleichen Kleiderschrank hatten oder die gleiche Fußmatte.

Das war der Name für die Langeweile schlechthin. Jeder so erworbene Gegenstand sah bei den einzelnen Besitzern auf eine andere Weise armselig aus. Das einzig Kreative daran aber war, daß die Langeweile bei jedem anders wirkte, was sicher auch nur eine Art Trick war, der brüderliche *Möglichkeiten* suggerieren sollte.

Etwas Untröstliches ging von diesen Dingen aus, verloren fühlte man sich, als wohne in ihnen jener schreckeneinflößende noch zu kommende Tag, an dem wir alle an dieser Häßlichkeit, die wir selbst durch diese Anschaffungen und unsere Bedürftigkeit an ihnen erwirkt hatten, würden sterben müssen.

Als ich nach Paris gekommen war, hatte es geregnet. Der staubige Hinterhof eines alten Hauses in der rue Oberkampf im elften Arrondissement verschluckte die Regentropfen, wie früher die trockene rote Erde der großmütterlichen Ländereien im Karst die von den Bauern langersehnten und durch Gebete herbeigerufenen Tropfen geschluckt hatte.

Aber hier gab es nichts Ländliches und doch, ja, Landschaft, eine andere, die trotz aller städtischen Welthaltigkeit ganz einfach war, vor allem einsehbar in den bunten und dörflich wirkenden Passagen des elften Arrondissements, mit den blauen Toren, den Blumen an den Fensterbänken und Schuhen vor der Eingangstüre, rund um die Place de la République, in den einstigen kleinen Revolutionsstraßen um die Bastille, aber auch in den Passagen des angrenzenden zwölften Bezirks bei *Nation* und an der *Gare de Lyon*.

Je länger ich dort blieb, desto öfter traf ich auf Menschen aus dem ehemaligen Jugoslawien. Aus allen Himmelsrichtungen kamen sie gleichsam magnetisch auf mich zu. Wohin ich auch schaute, es gab sie einfach im permanenten Plural. Manchmal schnappte ich ein halbes Gespräch im Bus auf, drei, vier Wörter in der Métro, vor dem Kino, in der Warteschlange, auf eine Art hörte ich ihnen zu, als könne ich satt werden am Gesagten.

Einmal wartete ich am unteren Ende der rue Oberkampf auf den 96er Bus in Richtung Porte des Lilas. Ein älterer Mann mit grauen Haaren und einem kleinen Bäuchlein wartete auf die gleiche Linie. Die 96er Linie mochte ich gerne, weil sie quer durch die ganze Stadt führt und die Endstation diesen sprechenden Namen hat, der mich gleich an den großen Fliederstrauch erinnerte, der über Jahre vor unserem dalmatinischen Haus stand und der ganze Stolz meines Großvaters war. Aus Angst, daß es am Ende der Linie gar keinen Flieder zu sehen gäbe, bin ich nie bis zur Endstation gefahren. Ich stieg immer kurz vorher aus, wie jemand, der seine Straße schon gefunden hatte. Dann ging ich die ganze Strecke zu Fuß zur rue Oberkampf zurück.

An der Haltestelle hatte ich an der Art, wie der Mann auf den Boulevard schielte und immer wieder nach dem Bus Ausschau hielt, etwas Jugoslawisches in ihm gesehen. Manchmal seufzte er auf, es regnete, und allem Anschein nach sollte sein Seufzen auf eine magische Weise ein anderes Wetter herbeirufen. Als er sich einmal bückte, um seine Schnürsenkel neu zu binden, rutschte in seiner Jackett-Tasche eine Tageszeitung nach oben, so daß ich die kyrillischen Buchstaben darauf sehen konnte. Ein Serbe, das war jetzt klar. Einem inneren Impuls folgend, sprach ich ihn an und fragte, woher er komme. Im überfüllten Bus, schon wieder ein Bus!, sprachen wir aufgeregt wie Kinder miteinander. Anders als in Rom mußte dieses Mal ich zuerst aussteigen, und wir versprachen einander, einmal einen Kaffee zu trinken, wo wir doch schon Nachbarn waren, sagten wir uns. Obwohl es gesagt war, aus Höflichkeit und aus Respekt vor dem Anderen, wies alles darauf hin, daß wir gar nicht vorhatten, uns ein weiteres Mal zu sehen. Er wohnte am Ende der rue Oberkampf. Zusammmen mit seiner Frau. Ich ungefähr in der Mitte der langen Straße. Zusammmen mit meiner jugoslawischen Vergangenheit.

Die rue Oberkampf ist nach Christophe-Philippe Oberkampf benannt, der in dem kleinen Ort Jouy-en-Josas (in der Region Ile-de-France) 1790 zum Bürgermeister gewählt wurde. Er betrieb in Jouy-en-Josas, das vier Kilometer von Versailles und achtzehn Kilometer von Paris entfernt ist, bis 1844 seine berühmte Baumwollspinnerei und Tuchmanufaktur. Bis heute ist in Frankreich ein Toile-de-Jouy, ein Jouystoff, ein Synonym für hochwertig bedruckten Baumwollstoff. Bevor ich das in Erfahrung gebracht hatte, klang Oberkampfs Name für mich nach einer Art Raufbold oder Anführer; daß er wie ich ein Suchender gewesen ist, der sich am Ende in einem Ort namens »Jouy« niedergelassen hatte, das sich vom lateinischen *gaudium*, Freude, ableitet, leuchtete mich wie eine kostbare Erkenntnis an.

Bereits Oberkampfs Vater war Färber und Kunstdrucker, eigentlich hatte er seinen Sohn Christoph Philipp Oberkampf genannt, der in Wiesenbach, heute Blaufelden im Landkreis Schwäbisch Hall, zur Welt gekommen ist. Als Deutscher und Protestant ist er zweifacher Außenseiter im katholischen Frankreich, schafft es aber erstaunlich schnell, sich unabhängig zu machen und sich zu etablieren.

Heute sind die Franzosen stolz auf ihn, im *Musée de la mode et du textile* in Paris befinden sich viele der Entwürfe, die er den berühmtesten Textildesignern seiner Zeit in ganz Europa in Auftrag gegeben hatte. Die Französische Revolution hat Oberkampfs Geschäften nicht geschadet, im Gegenteil, in Napoleon fand er einen ausgesprochenen Verehrer, der sich für Individualisten jeder Art besonders erwärmen konnte und der ihm sogar persönlich das Kreuz der Ehrenlegion anheftete.

Allerdings begann auch Oberkampfs Abstieg mit dem Fall von Napoleon, woraus zu schließen ist, daß eine allzu große Nähe zur Macht den Pioniersgeist tötet und dabei auch sonst vergiftend wirkt, weshalb ich, eine Bewunderin Napoleons, auch irgendwann froh war, eine neue Pariser Adresse zu haben und mich von dem sehr tüchtigen, aber doch auch patriarchalischen Oberkampf zu verabschieden. Frankreich hat durch ihn eine erste Baumwollspinnerei erhalten und ich in meinen ersten Monaten in Paris einen unsichtbaren Begleiter, ohne den ich wohl nie an den schönen

kleinen Ort Jouy-en-Josas im wunderbar begehbaren Tal
der Bièvre gekommen wäre.

8

Die meisten Franzosen dachten, ich sei Argentinierin. Das
freute mich, und obwohl ich noch nicht einmal Buenos Aires
bereist habe, sah ich also auf eine mir unbekannte Weise für
die anderen glaubwürdig aus. In diesen Momenten wurde
ich jemand, der eine ganz leicht erkennbare Identität hatte! Aus dem Gefühl heraus, das ganze unermeßliche Land
durch die Lektüre Jorge Luis Borges' sehr wohl zu kennen,
und an sonnigen Nachmittagen war ich mir sicher, es sogar
sehr gut zu kennen, machte es mich beschwingt, für eine
Lateinamerikanerin gehalten zu werden. Am liebsten hätte
ich auch gleich den Tango erlernt, aber diesen Tanz in einer
mir noch unbekannten Sprache zu meistern, denn ich stellte
mir vor, ihn meistern zu müssen, in der ich mich nur mittels
kühner Wortinterpretationen bewegte, erachtete ich dann
als zu gewagt, weil ich fest davon überzeugt war, dadurch
nicht nur mir selbst, sondern auch dem Tango zu schaden.

Auch wenn ich mir noch nie gewünscht habe, in einem
anderen Land zur Welt gekommen zu sein, habe ich doch
diese Annahme der Franzosen wie eine kleine Brennessel-
reibe empfunden. Anfangs hielt ich mich an »Jugoslawien«.
Bei einem schönen *Café au lait* oder einem herrlichen Stück
Kuchen in der Passage Dauphine, in wunderbaren Kaffee-

häusern auf dem Boulevard Montparnasse, bekamen die Leute ihre voraussehbar trauernden Gesichter und fühlten sich verpflichtet, alles zur Sprache zu bringen, was sie über den Krieg in Bosnien und Kroatien wußten. Deshalb dachte ich mir eine mediterrane Strategie aus und sagte nur noch, ich sei in Dalmatien geboren. Und erwirkte damit ratlose Gesichter. Viele fragten gleich, wo das denn liege. Es klang für sie nach einer Region von Spanien oder Italien, und alle versuchten, es kenntnisreich einzubetten. War ich behilflich, was ich gerne war, bis hin zur berühmten kroatischen Hunderasse (ja, die Dalmatiner kommen tatsächlich aus Kroatien), unterhielt man sich zuerst einmal über das Meer. Das gefiel mir so gut, daß ich dabei blieb. Das Meer, die großzügige Verbündete der Elemente, half mir, ein anderes Land zur Sprache zu bringen. Am Ende aber war es dann doch ich selbst, die wieder den Krieg ansprach. Dieses Leben, das Innere unserer Biographien und der Landschaften, in die wir hineingeboren worden sind, ist uns geblieben, sagte ich wieder und wieder, der Krieg konnte das nicht zerstören. Und das war alles, was ich erzählen wollte.

Wäre es anders, gäbe es uns nicht. Nirgendwo. Nicht auf dem Gebiet des einstigen Jugoslawien. Nicht in Deutschland. Schon gar nicht in Deutschland. Nicht in Frankreich. Nirgendwo. Unsere Welt wäre eine Wüste, die Erde nur ein Ableger von Mondgebirgen, von Kratern und der Kälte eines sich immer mehr davonmachenden Pluto.

Zu den erstaunlichsten und schönsten Erlebnissen, die ich im Jahre 2004 in Kroatien hatte, zählt eine Begebenheit, die sich während eines Ibrahim-Ferrer-Konzertes in Zagreb zutrug. Zunächst sprang eines der kubanischen Bandmitglieder mit ausgebreiteten Armen energiegeladen auf die Bühne. Die Konzerthalle war bis auf den letzten Platz ausverkauft. Der Mann nahm geradezu Anlauf für seine Ansprache. Ein schwarzer schöner Panther. Nachdem ich drei Tage und Nächte auf der Hochzeit meines Bruders in Dalmatien und Slawonien durchgetanzt hatte, ging es nun gerade richtig weiter. Als der Panther das Mikrofon erreicht hatte, sagte er laut und mit einer Verve, wie sie nur noch in Filmen vorkommt:

GOOD EVENING SARAJEVO!

Erst jetzt, beim Wort *Sarajevo*, begriff der arme Mann, daß er sich in der kroatischen Hauptstadt befand und er sich übel vertan hatte. Das Publikum lachte freundschaftlich, solidarisch mit ihm, und er bekam die Gelegenheit, sich zu korrigieren. So sehr hatte sich Sarajevo als Synonym für das ehemalige Jugoslawien eingebrannt, daß auch ein Sänger aus Havanna dieser Kraft zum Opfer fiel. Später sangen und tanzten die Menschen. Niemand war der Fauxpas wichtig genug erschienen, um die unmittelbare Freude an einem solchen, auch hier endlich möglich gewordenen Konzert zu betrüben.

Mit einem Mal löste sich aus der Menge ein junges Mädchen, dem eine kroatische Fahne wie ein Schal über den Rücken hing, zur Bühne, versuchte sogar an den Sicherheitskräften vorbeizukommen und zu den Musikern hinaufzuspringen. Die Leute pfiffen. Erst als sie die Fahne vom Rücken nahm und nach hinten in den Saal ging, hörte das Pfeifen auf. Zum ersten Mal war ich stolz auf meine Kroaten, da fühlte ich eine große Nähe, eine Liebe sogar, der ich gerne ein Zeuge bin und in der ich mich zu Hause fühle.

Lassen wir Fahnen Fahnen sein.
Seien *wir* Menschen.

Kroaten waren wir an diesem Abend vor allem dadurch, daß wir, selbstverständlich in Frieden, sangen und tanzten, daß uns etwas Schönes verband und es uns dort *zusammen* als eine Stimme gab. Das ist für mich Zugehörigkeit. Gemeinsamkeit. Nicht das *Gegen*-die-Fahne-Sein ist mir das Zeichen dieses Abends. Es ist vielmehr das *Dafür*, das Für-das-Singen-Sein.

Für mich gehört das Singen immer zu meiner Herkunft dazu. Ich habe es auch stets in meiner Kindheit und Jugend, bei allen Aufenthalten in Dalmatien und der Herzegovina als einen Teil des dortigen Alltags erlebt, von dem auch ich geprägt wurde.

Das gleiche erfuhr ich auch in Frankreich, es ist eine bestimmte Form von Lebendigkeit, die das Singen, die *Chansons,* auf den Gesichtern der Menschen hinterläßt. Es kommt mir vor, als öffne das Lied noch eine weitere

Türe in der Haut, und der Ursprung ist dabei immer eine kindliche Freude; die Kraft; das Führende. Die Freude am Wort, an seiner melodischen Umsetzung in Klang, in Ton, in Stimmfarbe, die zur Erzählung führen, zu einem kleinen Menschenbericht, der nur zwei, drei Minuten dauert.

Außerdem gehören in Frankreich wie in Kroatien (und Serbien) bestimmte Lieder zu den Biographien, als Leuchtspuren beispielsweise erster Küsse. Auf eine Art ist das überall auf der Welt der Fall, auch in Deutschland, aber hier gehört es nicht richtig zur Mentalität der Erinnerung, wird nie ein Teil des öffentlichen Raumes, und das macht genau den Unterschied aus.

Weshalb können die jugoslawischen Menschen alle Songs von Bijelo Dugme noch heute singen? Lieder einer Band, die 1974 gegründet wurde und die sich 1988 auflöste, fast zeitgleich mit dem Zusammenbruch der kommunistischen Diktaturen in Europa. Dugme und seine Bandmitglieder haben in einer vielfach von Tristesse und Verlorenheit geprägten Zeit Lieder der Zärtlichkeit und Sehnsucht gesungen, die bis heute unauflösbar mit den Menschen verbunden sind. Das gleiche kann man auch von Dordje Balašević, Rade Šerbedžija, von Azra, Plavi Orkestar, Merlin, Crvena Jabuka und vielen anderen sagen. Sie alle haben uns geprägt und uns geholfen, mit ihren Stimmen unsere eigenen Stimmen zu bereichern, unser Welt-Depot zu füllen. Mit der Sicht auf eine andere Form von Freiheit. Mit der Möglichkeit einer anderen Erzählung vom Leben.

Im Sommer 2005 gab Bijelo Dugme nach einer Pause von über fünfzehn Jahren überraschend in Sarajevo, Zagreb und Belgrad drei letzte Konzerte; es sangen ungefähr sechshunderttausend Menschen ihre Lieder mit.

Welches Gedächtnis arbeitete hier? In Sarajevo, schrieben die Zeitungen, habe es das melancholischste Konzert gegeben, was am Regen nicht liegen konnte. Der Regen kennt keine Melancholie. Zagreb sagte man das emotional ergreifendste Konzert nach, und in Belgrad fand sich das größte Publikum zusammen.

Das Konzert in der serbischen Hauptstadt wurde das lebendigste der drei Bijelo-Dugme-Auftritte. Die Menschen hatten jugoslawische Fahnen bei sich, und den Musikern fiel es sichtlich schwer, hier das Abschiedskonzert zu geben. Ein Journalist beschwerte sich in Belgrad über den Massenauflauf. Er freue sich, hieß es, daß diese »Krankheit« wieder seine serbische Hauptstadt verlassen habe.

Wie ein Mensch zu einer solchen Haltung und Aussage kommen kann, ist mir nur mit einer Auslöschung seines Gedächtnisses erklärbar. Nicht nur eine Verdrängung ist hier am Werke, sondern eine noch tiefere Verwerfung, unter der die blanke biographische Not lauert. Die Not. Einsamste unter den Verwandten der Angst.

9

Eigentlich wurde ich nie richtig erzogen. Was mir in der Kindheit gefehlt zu haben schien, ist heute ein großes Geschenk für mich. Mein Großvater sprach immer nur von dem einzelnen Menschen. Ganze Welten hielt ein Einzelwesen in sich bereit. Mein Vater sang permanent alle möglichen Heldenepen vor sich hin, ob es montenegrinische, serbische oder kroatische waren, das spielte überhaupt keine Rolle. Natürlich schärfte er in mir dadurch den Sinn für das Heroische, was manchmal mitten in der Zivilisation etwas erschwerend und überflüssig sein kann. Dennoch ist die Vorstellung von einem vollkommenen, für seine Ideale lebenden und sterbenden Menschen zur Grundlage meiner Weltsicht geworden, ganz von allein, wobei sich die Vorstellung des Vollkommenen mit der Zeit immer mehr entkernt hat. Heute schließt für mich dieses Vollkommene niemals nur Makelloses ein. Es birgt alles in sich, auch das Scheitern kann manchmal die vollkommenste Form des Werdens sein.

Meine Mutter zeigte mir durch ihre Freundschaften zu bestimmten Frauen, wie sie fühlte und dachte. Sie sagte nie, wir sind so, die anderen sind so. Sie sagte einfach nur, Menschen sind Menschen. Eine ihrer besten Freundinnen während ihrer Zeit in Hessen kam aus Jajce. Wir Kinder nannten diese muslimische Frau, die sich mit Kräutern und wohlriechenden Hautcremes auskannte, Tante Muhiba. Sie war rund und strahlte eine beruhigende Wärme aus, war aber auch direkt und sagte einem alles ins Gesicht, ob man es hören wollte oder nicht.

Mit der Zeit gewöhnten wir uns mehr und mehr an ihre kleinen Ruppigkeiten, schätzten ihre Unverblümtheit sehr, weil sie zwar immer mit der Tür ins Haus fiel, aber man stets mit ihrer Solidarität rechnen konnte, wenn irgendein Ereignis uns traurig machte oder ein Rat gebraucht wurde. Ihren Mann Hasan, der sehr früh verstorben ist, riefen wir Onkel. Wenige Stunden vor seinem Tod hat er, obwohl er längst vom Krieg wußte, begriffen, daß ihr in Bosnien gebautes mehrstöckiges Haus zerstört worden war. Vage kann ich das Gefühl bei der Meldung seines Todes erinnern; sein Sterben wirkte auf mich wie ein vorzeitiges Gehen, als habe er nichts mehr wissen wollen und sich deshalb schon so früh aus dem Staub gemacht.

Muhiba und Hasan hatten wie viele andere bereits über zwanzig Jahre in Deutschland arbeitend verbracht und wollten bald zurückkehren in das schöne, eigens dafür gebaute Haus. Die Geschehnisse im einstigen Jugoslawien machten ihnen einen Strich durch die Rechnung.

Die anderen Freunde meines Vaters und meiner Mutter kamen aus Montenegro. Einer dieser lebensfrohen Leute hieß Kosta und trug einen dunklen, vollen Bart. Heimlich dachte ich immer, er gleiche mehr einem Griechen als einem Montenegriner. Aber alle sagten, er sei der Prototyp eines Montenegriners, und irgendwann versuchte auch ich, ihn so zu sehen. Er schenkte mir zu meiner Ersten Kommunion einen Bildband, den ich noch heute besitze. *Inseln der Adria* heißt das Buch, ich las viel darin und benutzte es sogar als Nachschlagewerk, als ich an meinen Buch »Der Windsammler« schrieb.

Ich erhielt von Kosta das Buch bei der Feier in einer griechischen Gaststätte, in die meine Eltern alle unsere Verwandten, Bekannten und Freunde eingeladen hatten. Auch mein Großvater war aus Jugoslawien angereist, das war 1984.

Im überfüllten Frankfurter Dom sollte ich das *Vaterunser* sprechen. Es war kein Stolz, aber eine unermeßliche, mir bis dahin unbekannte Würde, die meinen ganzen Körper erfaßte, als ich das Gebet durch das Mikrofon sprach. Als Kind hatte ich das *Vaterunser* immer allein in den kalten Wintern des Hinterlandes in meinem Bett gesprochen und sah jetzt so viele Menschengesichter vor mir, so viele Ohren hörten mir zu. Es war das erste Mal, daß ich mich gerne sprechen hörte, daß meine Stimme und meine Worte einen Gleichklang erreichten, ganz anders als damals in dem Zimmer der Kindheit, in dem sich immer die Angst und das Wetter gegen mich verbündeten.

Das Zimmer war nicht geheizt. Damals gab es für gewöhnlich in den dalmatinischen Häusern nur einen Ofen in der Küche, da kochte man und fütterte den Ofen mit Holz, bis die Schlafenszeit kam. Jetzt war es Sommer, der Großvater war da, alle Leute waren gekommen, und das *Vaterunser* bekam für mich eine neue Bedeutung. Ich erlebte es als ein Gebet des Menschseins, des Miteinanderseins und der alles verbindenden Liebe.

Hinzu kam, und das hat zu diesem Erlebnis des Gebetes beigetragen, daß ich es in kroatischer Sprache aufsagte, vor so vielen Menschen, in einem deutschen Dom und unter den Augen meiner Eltern. Etwas im Nachhall der Wörter hat mich tief aufgewühlt. Ich spürte zum ersten Mal den Raum, in dem die Wörter wohnen. Wußte, daß sie eine Heimat wie wir Menschen haben. Eine Herkunft. Ein leuchtendes Gebiet. Sie brauchten keinen Paß wie wir, ihre Identitätskarte ist ihre eigene Wahrhaftigkeit.

Aus dem einstigen Zusammenhang waren die Wörter aufgebrochen und bewahrheiteten sich jetzt auch in einer deutschen Umgebung. Das Wissen um Parallelwelten hat mich immer an die Gleichzeitigkeit der Dinge erinnert. (Und die Physik stützt mich wesentlich.) Bis heute bin ich von allem-was-ist geradezu erschüttert. Der Verstand gibt auf. Alles auf einmal zu denken vermag er nicht. Aber das Herz, ein Organ der Seele, hält all den Widersprüchen, Widrigkeiten, aller Verlorenheit und Gegenwart, allem Gehenden und Kommenden stand.

Diesen unsichtbaren Ort habe ich als Kind nie benennen können, es auch nie versucht. Er hat sich aber schon immer in der Mitte der Brust offenbart. In der Kindheit lebt man Hand in Hand mit der Unsichtbarkeit. Versteht sie als Handlung. Hier empfand (und empfinde) ich die Welt.

Ob bei Wärme oder bei Kälte, alles speicherte sich auf eine sich mir entziehende Weise dort ab, hielt dieser Mitte stand, wurde gestützt von einem warmen, festen Rückgrat. Eine Seligkeit, zu der ich dann selbst wurde, durch den ganzen Körper ging sie hindurch, und ich war zur Umarmung der Wolken bereit.

Manchmal, wenn ich als Jugendliche mit meiner Mutter stritt und sie voller Ausdauer bekämpfte, was über Jahre hinweg ein Sport für mich war, bei dem ich immer gewinnen wollte, wurde diese Mitte steinhart. Vielleicht sagt man deshalb, einer habe ein Herz aus Stein? Ist das Herz am Ende in uns ein organisches *und* ein ätherisches? Beide sind direkt miteinander verbunden. Tut das eine Herz weh, wendet sich das andere ab. Und wird krank. Oder grau. Der Körper bricht zusammen, wenn die Sterne keinen Zugang zu unserem Brustland haben. Dieses Brustland hat sich bei mir nicht nur als ein Geysir der Gesundheit betätigt. Es hat auch *Sprache* magnetisch angezogen. Akribisch archiviert. Und zwar zunächst nach dem Prinzip des Klangs.

Ein Gewirk aus Bewegungen, Tönen, Gerüchen, Kopf- und Körperhaltungen, aus Augenblicken, Augenfarben, Mundregionen und Wangenleuchen hat sich mit dem Klang vereinigt. Beispielsweise *Streben, Strom, Schneise* sind drei Wörter, die sich für mich in einem Wortraum bewegen. Wenn ich mir Mühe gebe, dann versteht auch mein Kopf das dahinterliegende »Warum?«. Mein Brustbereich tönt aber, schwingt ganz unbegründet in diesen drei Wörtern. Eine gewisse innere Gesättigtheit weist mir die Stimmigkeit zu. Das Gespür für die deutsche Sprache kommt aus dem daraus erwachsenden Bleibenden.

Sofort spüre ich, ob etwas *geht* oder nicht. Wenn es *gehen* kann, ist es selbständig, kann dann auch ohne mich leben. Beim Schreiben höre ich einfach die Gehbarkeit des Satzes ab. Im Ohr gibt es eine Lichtlinie. Mit geschlossenen Augen sieht man sie am besten. Eine Linie, auf der die Sätze vibrieren. Als ihr Strom. Tanzt die Linie in einer Harmonie, weiß ich, der Satz ist bei sich zu Hause, und ich kann ihn lassen. Gibt es die Linie nicht, oder schwingt sie eigenartig in die Tiefe hinunter oder in die Höhe hinauf, hat sich der Satz sein Leben nicht erarbeitet und muß noch einmal geboren werden. Das macht aber er selbst. Mein Ich ist still dabei und hört seinem Kommen zu. Dann geschieht der Satz. Er geschieht mir, und er geschieht sich selbst. Ich lasse ihn ruhen. Auf dem Papier. Und in meiner Erinnerung an ihn. Hin und wieder verstehe ich selbst diese Sätze, die Satzordnungen nicht. Lasse aber die Fragen des Kopfes ruhen, für später.

Die Sätze sind wie ein musizierendes Orchester aufgebaut. Das Brustland dirigiert es. Ich schaue zu und notiere. Fühle hier. Fühle dort. Gehe zurück. Schaue da nach. Hier unter, hier vor, hier gleich wieder zurück. Möglichst auf einmal soll alles *da* sein. Möglichst die ganze Musik. Alles, auch das Semikolon, hat seine Zeit im Satz. Ich notiere, höre, schwinge mit dem Körper mit. Dann ist ein Satz entstanden, und ich bin sein die Arbeit ausführender Angestellter, sein Mittler gewesen. Mehr nicht.

Genauso »funktioniert« literarisch ausgeforschte Erinnerung. Sie ist nichts anderes als sprachlich besiegeltes Nach-Innen-Hören. Im Kopf wohnt immer die Lüge. Sie ist die Schwester des gesäuberten Gedächtnisses. In den Bildern wohnt die Lichtschnur, sie verbindet beide Ohren. Das Orchester spielt ungerichtet, es ist keine zielorientierte Mutation in ihm möglich. Sein Werden findet jenseits von Maskerade statt. Das Orchester ist die Gegenwart. Diese Form des Jetzt ist unabhängig von der Zeit. Auch der Raum hat das Brustgebiet nicht betreten. Es ist die Erde des Gleichmaßes darin. Das Gleichmaß lebt. Fortwährend. Es wartet nicht. Es richtet nicht. Es ist einfach nur da. Und wer mitschreiben will, kann es tun. Glauben wir der Chronologie der Ereignisse, sei es in unseren Biographien, sei es in der Biographie der Wörter (das eine hängt mit dem anderen zusammen), verraten wir den Urgrund, die *erste* Farbe, den bereiten, uns reinigenden Ton. Sicher hat Jacques Lacan recht, wenn er sagt, es gehe immer noch einer Stufe tiefer. Was ändert das aber am Augenblick? Daß dieser eine Moment nicht bestechlich ist, daß wir ihn und uns schließlich (wann auch immer und zu welcher Zeit auch immer das sei) nicht betrügen können, das ist die Wende der Wörter; die weder Kälte noch Hitze scheuen.

Wörter sind Badende in jedem Menschenwetter.

10

Erziehung schrammt das Innere des Wetters in uns auf. Schürft uns die Knie auf; noch bevor wir in der eigenen Sprache gehen können, kommen die Helfer im Außen und wollen unsere Buchstaben polieren, wollen zeigen, wohin es geht, wenn es geht. Wann es nicht geht, bestimmen sie. Verfügen über Einbahnstraßen und offenes Gelände. Es wird nachgedacht, noch und noch, wie wir unsere Kinder zu richtigen Menschen machen können. Diese Idee, anders gelagert, aber immerhin, hatten auch die Nationalsozialisten. Ebenso die Kommunisten, aber mit dem Unterschied einer anfänglich auf Menschenliebe ausgerichteten Welt; daß Trotzkis Vision von in Sibirien wachsenden Apfelbäumen nicht Wirklichkeit wurde, lag nicht an Trotzkis Gedanken, vielmehr glaubten die Menschen stärker an die Schneekälte als an Apfelbaumblüten.

Nur wer erzogen ist, zum Gehorsam und zum Gehorchen, zieht in den Krieg und gibt seine eigene Sprache auf. Gibt die Stirn der Sterne auf. Die Wangen des Lichtes. Die Haut des Sternenerbes. Einmal, aus dem Flugzeug auf die Spitzen der Alpen schauend, fiel mir auf, daß ich mit der Formulierung »mein Land« immer die ganze Erde gemeint und es selbst nie richtig bemerkt hatte. Deutschland war nie ausschließlich dieses Land, wenn es auch mit der Zeit etwas damit Verwandtes geworden ist.

Jugoslawien war zusammengebrochen, noch bevor ich eine Frau geworden bin, mitten in meinem Unterwegssein als Mensch, und durch diese Veränderung verschob sich auch mein Heimatgefühl, das Zuhausesein in Menschen und Landschaften, immer mehr auf eine Luftperspektive. Kaum saß ich in einem Flugzeug, schrieb ich ein Gedicht. Über den Wolken sah alles klar und schlicht aus, ein Gemälde, das große Werk eines Genies, dem die eigene Handschrift zum Gesicht geworden ist. Vielleicht wird man so ein Unvergessener, an einem Tag, an dem das Barometer in der deutschen Hauptstadt minus siebzehn Grad zeigt, und der Schnee aus der Höhe wie ein neugenähter Sternenmantel aussieht. Ein Mantel, in dem die Wege, tiefer im Weiß, wie Verbindungslinien aussehen und mit einem Mal die Vorstellung in mir auslösen, einem Milchstraßensystem (welchem? Wie viele mag es wohl geben, die wir noch nicht kennen?) zwillingsverwandt zu sein, als seine genaue Entsprechung, die sich auch in mir selbst, in meinem Körper, an meiner Haut fände, schaute ich nur genau hin.

Und wie einfach es mir hier, in diesem Europa überfliegenden Flugzeug, vorkommt, Kinder als Vermittler der Sterne zu denken. Sie werden nicht erst Menschen, sie sind es schon, bei ihrer Geburt schon Wissende. Wir müssen ihnen nicht das Menschsein einhauchen. Das Kind ist der Bote des Atems. Es kommt, um uns alle immer wieder von neuem daran zu erinnern, daß Sterne am Himmel aufgehängte Laternen *und* Feuerbälle in einem sind. Wo setzt unsere Erinnerung an? Warum erinnern wir uns? Was hat sich ereignet, damit wir MENSCHEN mit Gedächtnis werden konnten? Bei dem Schriftsteller Maurice Maeterlinck heißt es: »Wir wissen nichts von dem, was sich ereignete, bevor unser Erinnern geboren wurde, und es ist gar nicht unwahrscheinlich, daß die großartigen Verkündigungen der ersten Religionen, Verkündigungen, über die wir noch nicht hinausgekommen sind, Reste einer Offenbarung oder Mitteilung der Sterne sind, die sich nicht wiederholt hat.«

Wer das Archiv seiner Sprache kennt, das eigene Brustland je betreten hat, hat auch das Singuläre in sich selbst erspäht; war glücklich und getröstet, selbst in Augenblicken tiefer Einsamkeit, einen Blick auf den Sternenhimmel tun zu können. Da setzt die Verwandtschaft der Schweigenden ein. Die Stille. Das Wissen um die eigene Herkunft. Wie stünde es um uns, wenn wir das Erbe der Sterne in uns verlebendigen könnten und es ein Sternbuch gäbe, in allen unseren Fingerkuppen abrufbar wäre, und wir die Kuppen wie Bücher lesen müßten, um zu überleben. Wie einfach wäre unser Leben, wenn wir die Sterne erben und färben könnten, wie es unserem Glück beliebt!

Innen und Außen sind eins. Die Trennlinie und die Illusion des Getrenntseins entstammen lediglich (man stelle sich vor, wie oft schon in der Menschheitsgeschichte!) unserer Einbildungskraft. Ein Mensch, dem die Kostbarkeit seiner Wörter und Sätze beigebracht worden ist, wird nie einen anderen Menschen mit Schuld beladen wollen oder ihm gar nach dem Leben trachten, weder in Gedanken noch in Taten. Wir sind schon derart scheu geworden, daß wir uns nicht trauen, solche Sätze überhaupt auszusprechen; aber sie sind deshalb nicht weniger wichtig. Die einzelne Biographie, das einzelne Schicksal sind mathematisch präzise Mitspieler unserer Sätze. Danilo Kiš notierte einmal, jeder Mensch sei ein Stern für sich. Um dieses Sternsein zu verstehen, muß man bereit sein, die engen Zäune der eigenen Biographie zu verlassen und sich weiter ins Offenere zu denken. Unser Wohnort ist der Kosmos, nicht unsere Wohnung. Die Dinge sehen manchmal so starr aus und sind das am wenigsten Beständige. Sie verändern sich immer. Kaum drehe ich ihnen den Rücken zu, besprechen sie ihre Formen und Farben neu. Das ist ihr gutes Recht. Sie müssen sich nicht an unsere Vorstellungen und Ideen von ihnen halten.

Nur durch das Fortgehen nahm ich die dingliche Welt als eine der menschlichen ebenbürtige wahr. Das fortwährende Gehen, das Unterwegssein machte alle diese Lebensbewegungen sichtbar. Auch und vor allem das Atmen der Steine gehörte dazu. Sie haben bei all ihrer Unauffälligkeit die vollkommensten Lungen. Wir sehen sie nur nicht. Steine sind sehr tüchtige Handelnde. Das begriff ich einmal, als in einem Haus, in dem ich vier Jahre gelebt hatte, nur ein kleiner Karton von mir übrigblieb, mit einem Notizbuch, einer Haarspange und zwei, drei schon veralteten Geldscheinen, mit denen man längst nicht mehr bezahlte. Einem

Stein wäre das nie passiert. Ihn kann man nur von einer zur anderen Stelle tragen. Aber seine Erinnerung bleibt davon unberührt. Bei jedem Umzug bleibt er sich selbst treu und nimmt in sich selbst seine eigene Erinnerung mit. Seine Erinnerung ist identisch mit ihm selbst, mit seiner Form.

Größte Ausdauer wohnt in den Dingen, in allen ihren Höfen, weshalb sie mich und mein Gedächtnis schon von Natur aus, *immer* schon, überleben. Anteilnehmend kann ich überleben. Ob ich es will? Wenn ja, dann ist der Tod kein Fakt, sondern lediglich eine Art Glauben für mich, wer überleben kann, kann auch sterben. Wenn nicht, dann lebe ich schon immer und habe es erst vor kurzem bemerkt. Wie lange werde ich atmen? Wie lange die Quelle der Luft beanspruchen, ohne Rechenschaft darüber abzulegen?

Mit dem Fortgehen und Hinausgehen begann ich die Unterschiede zu sehen. Besonders auffällig werden die Nuancen in Zeiten der Umpolung, der Veränderung, wie sie beispielsweise V. S. Naipaul in seinem autobiographischen Buch »Ein Weg in der Welt« beschreibt. Allmählich wachsen wir aus unseren Ursprungsorten wie aus alten Kleidern heraus, wie aus Kinderschuhen, die eng und längst unbequem geworden sind. Dennoch bleibt die Verwurzelung. Und die Erinnerung ist ihr Name. Es bleibt das Unberührbare, das Ersterlebte.

Das Bleibende, trotz oder gerade wegen des Vergehenden, ist aufgrund eines sakramentgleichen Erlebens stets vorhanden. Ein Fall und ein Aufstieg; Wahrhaftigkeit. Das

Sakrament des Lebens. Meine Kindheit. Eine immerwährende Einweihung in das Bildverstehen. Bild an Bild ist zu einer Leuchtkette der Jahre gereiht. Nur leuchtendes Haar im Widerschein der Abendsonne bleibt übrig, nur Mutters Milde an ihren Kniemulden bei einem seligen Mittagsschlaf. Erkennbar ihr Frieden, der selten in ihr zu sehen war. Immer nur der Zweifel, die Spaltung der Freude in Arbeit am Vormittag und Arbeit am Nachmittag. Im Zweifel, stets eine Gewißheit: zum Lachen werden wir immer Zeit haben, aber die Arbeit zu tun wird nicht ausbleiben. Nur Vaters spitzbübische Grübchen, als ich ihn bei einer von ihm erfundenen Sprache ertappte und er lauthals lachend zugeben mußte, längst nicht so schlau wie Cicero zu sein. Nur die treuen braunen Augen meines Bruders, der immer so fest schlief, daß ich glaubte, er lerne in seiner wetterfesten Abwesenheit zeitgleich zu unserer irdischen die Sprache der Engel und der Toten.

Nur meine allzeit zarte Schwester, die ihre Träume auf unsere Küchenplastiktischdecke gleich kleinen Automobilen in aller Offenheit in unseren beiden Sprachen ausbreitete und Stück für Stück einem Wunderland zuschrieb, in dem es sie gleich mehrfach zu geben schien. Für mich ist sie seit dem Ausbreiten ihrer Träume (und wann tat sie das nicht!, ihr Leben ist so ein Ausbreiten der Träume) die Geburt der Güte; nichts Errungenes, alles hat sie mitgebracht, aus ihrem widerspruchslosen Gebiet. Am Ende wären wir alle ohne sie gar nicht so gerne Menschen geworden, nicht so unendlich gerne wie mit ihr. Sie hat Augen aus Sonnenlicht und eine Welt in jedem Zeh. Was wir sind, sind wir alle mit ihr und durch sie geworden. Ein Mensch kann nur äußern, was er verinnerlicht hat. Die Gleichung baut sich stets auf diese Weise auf. Warum haben so viele Menschen im ehemaligen Jugoslawien einer Sprache der Anordnung und Macht Folge geleistet und ihr gehorcht?

Wenn wir als Menschen unser ganzes Leben lang die Sprache der Macht als die uns führende erfahren, immer nur sie *hören*, dann bleibt uns nichts anderes übrig, als einer fremden Sprache anheimzufallen. Tief hinein in ihre Gruben. Als gelte es, für ein Magnetfeld zu arbeiten, an dem wir uns selbst zugrunde richten werden. Als sei das der Anlaß des Lebens. Ein Mißverständnis. Havarie der Seele. Es gäbe nirgendwo verminte Gegenden auf der Welt, wenn Menschen nicht genau das in sich selbst erlebt hätten. Ein vermintes Gebiet. Verbote, Zurechtweisungen. Dressur. Geköpfte Wörter. Echoräume der Diktatur. Altbestände und ihre Resonanzen, die sehr schnell in Angst umschlagen können.

Ist die Furcht da, fehlt es an Sprache. Sie ist immer die Sprecherin des Zweifels, der Zweiheit, ist schon in ihrem Beginn aus der Einheit der Wörter herausgefallen. Jedes Feuer verbrennt uns dann. Jede Wunde eitert aufs neue. Der Zweifel ist ein Verrat an unserer Ganzheit. Die Angst ist eine innere Institution, die den Wörtern Mausefallen stellt. Sie besitzt einen Passierschein für alle unsere Organe, ausnahmslos, kreuzt die Niere, die Leber, viertelt das Herz, maßregelt die

Lunge, nimmt ihr die Tiefe, die Höhe, die Weite, verpestet die Strände ihrer Landschaft. Die Altlast der Geschichte. Das Meer der Gefühle, wissend ohne Zeit, als ginge mit jeder Bewegung der Welle in jedem Menschen dieser Erde eine Wahrheit auf Grund.

Ist ein Mensch abwesend, wird er sichtbar, auch für die Dinge gilt das, für die Orte, die Städte, die Länder. Ich lernte, oft unter großen Schmerzen, daß ich nichts daran ändern konnte. Wenn auch nur die bloße Anwesenheit eines Menschen mir seit der Kindheit unendlich kostbar war und es immer geblieben ist, war doch jeder Abschied ein neues Erkunden der eigenen Beständigkeit.

Wie ging ich mit der Leere um, die ein anderer durch sein Weggehen hinterlassen hatte? Wer war ich, wenn es mich nur für mich und nur ohne die Anderen gab? Konnte ich überhaupt derart beständig sein und das »Ich« gebrauchen, wenn ich von mir erzählen wollte. Das Unterwegssein wärmte mich, und an jedem neuen Ort, bei jedem neuen Menschen schien ein besseres »Ich«, auch ein wirklicheres, möglich geworden zu sein.

Dennoch löste das Reisen auch Gefühle der Trauer und Hilflosigkeit in mir aus. Manchmal fühlte ich regelrecht meine Ersetzbarkeit. Als ginge nun mit meinem Fortgehen der Platz, auf dem ich ein Recht hatte zu sein, auf einen anderen über. Und ein nächster Mensch kam, nahm diesen Platz und nahm dieses Recht und machte sein eigenes Leben daraus. So unverzichtbar ich also für meine eigene Biographie war, so gleichgültig erschien das Eigene, das für wichtig Gehaltene, gegenüber dem Lauf der Dinge. Bestenfalls war ich an nur einem Tag noch austauschbar geworden.

Durch das Hinüberwechseln in ein neues Sprachgebiet wurde ich sogleich darauf aufmerksam. Aber dieses *sogleich* erfuhr eine Verschiebung in das Innere der Zeit, an die Stelle, an der sie verschwindet und nur noch ihr Vorhang da ist, das Spiel, die Gegenwart. Im Deutschen sagte ich nicht mehr *Ja se zovem Marica, Ich rufe mich Marica,* aus dem Rufen wurde ein *heißen*, ich heiße, sagte es sich leicht und kurz im Deutschen. (Der eigene Name, ein Worttanz, plötzlich, darin die Verheißung; wer bin ich jetzt!) Ein Geschmack von Frischmilch an den Lippen, als fehle noch etwas, als habe man zu schnell getrunken und warte nun, bis der Krug die Runde gemacht haben wird, damit man selbst noch einmal an die Reihe käme.

Aber der Krug war ein Sprachkrug, kein Getränk. Drum, einmal gesagt, blieb er mein Besitz. Später, im Französischen, endlich wieder der Ruf, der Unterrock des Namens. *Appeler.* Sogar den Lift ruft man im Französischen.

Genannt werden, heißen, den Namen eines Menschen haben; nennen, gebieten, einen bestimmten Sinn haben, ja sogar bedeuten, sagt das »Etymologische Wörterbuch«, gehöre dazu. Das ehemals im Althochdeutschen reduplizierte Verb *heizan* (be) nennen, rufen, befehlen, auffordern (8. Jahrhundert) gehört zu einer Erweiterung der Wurzel īe. In Bewegung setzen. In Bewegung sein. Gehen und Weggehen, so finde ich jetzt heraus, haben in der deutschen Sprache eine richtige Heimat, eine beweisbare, die sich bis ins Griechische zurückverfolgen und auch das Lateinische *ciere* ins Spiel bringt: rege machen, wecken, erregen, anregen. Die Grundbedeutung des germanischen Verbs scheint, so das Wörterbuch, jemandem heißen, befehlen *(wem, wenn nicht sich selbst?)*, jemanden (her)rufen, einladen, auch versprechen *(ich verspreche mich mir selbst – wo werde ich enden?)* und »mit Namen rufen« zu sein.

Bevor ich mein erstes Buch veröffentlichte, dachte ich kurz daran, mir einen Schreibnamen auszudenken, und jedes Mal, wenn ich glaubte, einen geeigneten gefunden zu haben, wehrte sich gleich etwas in mir. Ein Gefühl von Verrat an mir selbst. Und ich blieb bei den mir durch Eltern und Großvater anvertrauten Silben, als hätte der Name ein Erbe einzulösen und als müßte ich für meinen eigenen Namen das tun, was Jeanne d'Arc für die Franzosen getan hatte. Der Kampf war erst in mir ausgetragen, als der Roman »Der Spieler der inneren Stunde« veröffentlicht war. Da wurde mit einem Mal etwas anders, es wurde heiter in mir. Mit dieser Heiterkeit kam auch die endgültige Entscheidung, es beim ersten Namen zu belassen und mich durch seine Buchstaben schreibend durchzuarbeiten. Standhalten. Ihm und mir selbst wie einem Menschen begegnen, der gerade die wichtigste Frage seines Lebens gestellt hat und der nun darauf wartet, daß das Leben ihn in die richtige Spur, in die richtige Stadt, in das richtige Land und in das richtige Buch weist.

11

Das Doppelbödige der ersten Sprache, es zeigte sich erst beim Bestehen in der zweiten. Das Deutsche wurde immer mehr zu einem wärmenden Kleidungsstück. Was war das Doppelbödige der ersten Sprache? Warum erwischte es mich manchmal so unvorbereitet, als wohne in ihr jemand mit einer langen Liste all meiner Vergehen gegen die Menschen und rechne mich wortweise aus. Eine ganze Zeit lang machte mich jedes Wort in dieser Sprache zum Feigling, eine Sprache, die nun auch noch ganz anders hieß, das Serbische und das Kroatische wurden per Verordnung autonom (was für eine Autonomie!). Alles mußte doppelt bewältigt werden, die eigene Wahrheit im Deutschen, die eigene Wahrheit in der Sprache der Mutter. Wer aber war meine Mutter der ersten Jahre? Eine Frau, die im Ausland (für etwas mit dem Namen Zukunft) ihre Schönheit und Kraft verlor, um mich und meine Zukunft möglich zu machen, um mich am Leben zu erhalten? Ich war also schuldig an ihren Krankheiten, an ihren nur aus Arbeit bestehenden schweren Stunden.

Das Durchschreiten beider Sprachen kam mir manchmal vor wie zweifaches Leben, wie zwei autonom nebeneinander wirkende Lebensspuren, die zu verbinden mir nur im Schreiben gelang. Im gelebten Alltag verweigerte sich diese Verschmelzung, als gehöre zu jeder Sprache ein ganz eigenes, eigenständig arbeitendes Herz, das alleinsprechend ist, und als müsse alles einzeln gelebt werden, bis die Einheit begönne. Wer oder was diesen Zeitpunkt bestimme, bleibe bis auf weiteres ein Geheimnis. Wer hätte es lüften können, damals, als das einzige, was ich besaß, eine langweilige jugoslawische Jugend war, einsam und mittellos in der deutschen Provinz.

Und aus was genau bestand eigentlich meine erste Sprache? War sie nicht immer schon etwas Hybrides, etwas durch und durch Unvollkommenes, aus Kreuzungen und Ahnungen bestehendes Gemisch aus dem dalmatinischen Dialekt, der Sehnsucht nach einem hochkroatischen Sprachfluidum, wie es die Leute in der Hauptstadt um sich herum verbreiteten, aus herzegovinischen Wortendungen, Redensarten von hier, Redensarten von dort, eine Art, mit den Wörtern zu lachen, eine andere, mit ihnen zu schweigen, verschwiegen zu bleiben, wie es die Gebirgsgegend nahelegt; zudem hieß das Ganze Serbokroatisch, hielt größere Räume offen, verschiedene Wörter für *Zug* gab es, und wenn es das Glück gab, dann weil es *viele* Wörter für eine Sache gab.

Als Kind gefiel mir sehr das serbische Wort *voz,* weil es mir durchweg schlüssig erschien, ja gleich das fahren – *voziti se* – ankündigte. Das kroatische Wort *vlak* hingegen hatte eine sanftmütige Aura, für mich hört es sich an wie *mrak* und *mlad,* eine Mischung aus den Wörtern *Dunkelheit* und *jung,* und so auch erlebte ich die erste Zugfahrt meines Lebens, in der Nacht, und jung war ich, gerade neun Jahre, als habe es diese Reise gebraucht, um das Wort mit meinem Körper und mit dem Gedächtnis selbst zu verstehen.

Ansonsten hatte meine erste Sprache aus *čežnja*, aus verzehrender Sehnsucht bestanden, die sich in meiner Haut und in meinen Augen anstaute. Dabei war mein Gesicht ganz unnahbar geworden. Hart. Die erste Schulfotografie zeigt mir einen fremden kleinen Menschen, der sich entschieden hat, alles zu überleben, dabei die Zähne zusammenbeißend, damit es leichter wäre, das Bestehen in der elternlosen Welt. Keine Zärtlichkeit, keine liebkosende Berührung. Das hinterläßt Spuren, die man selbst lange nicht erkennt. Jede Sanftmut ein luxuriöses Gebiet, wie ein wohlriechender Stoff für die Mittel der Seele kam mir jede an mich gerichtete Zärtlichkeit vor. Ich hatte nie gelernt, mit Zartem zu leben. Kaum wurde es mir geschenkt, überlegte ich, wie ich wieder das Weite suchen könnte. Nicht um die anderen zu verlassen, vielmehr um das Erlebte im Stillen zu genießen. In Anwesenheit eines anderen sich zu freuen, das kam mir seltsam fremd, seltsam schwer vor, als sei es eine Schuld, wenn ich mich freute.

In der Stimme war lange Zeit ein Krächzen; und ein rauhes Knacken in den Stimmbändern, die, erzählte mir später mit seelenruhiger Stimme ein deutscher Hals-Nasen-Ohren-Arzt, bei mir nie richtig zueinanderfinden. Kurz bevor sie sich berühren, rennen sie wieder voreinander fort. So stellte ich es mir einmal bildlich vor, als meine Stimme, für mich selbst unvorbereitet, weggebrochen war, als sei sie nie dagewesen.

Die virtuelle jugoslawische Jugend hinterließ nicht nur

Räume der Sehnsucht, sie strafte auch. An der Stimme vollzog sich die Strafe zuerst. In einem kalten deutschen Winter blieb sie ganz aus, für Wochen, nichts und niemand brachte sie zurück. Weder eine Erinnerung noch ein gutes Wort konnten die Stimme so schnell wieder zurückholen, wie sie verschwunden war. Mir kam vor, als habe sie mir jemand richtiggehend weggenommen, weggetragen, in eine Gegend, in der sie mehr gebraucht wurde als jetzt von mir. Ich befreundete mich aber rasch mit diesem Schweigezustand. Er hatte viele Vorzüge.

Zum ersten Mal seit dem Erlernen der deutschen Sprache kam mir das Sprechen sinnlos und überflüssig vor. Während die Wörter in mir näher zueinanderrückten und mich zum Reden bringen wollten, ließ ich ab von den Sätzen und ihrem Zusammenhang. Jetzt hatte ich keine Angst wie in der Kindheit, die Stimme und die Wörter könnten für immer ausbleiben, und ich betete auch nicht für ihre Rückkehr.

Ich fühlte mich schweigend wohl. Nichts sagend. Pflichtlos. Auch jeglicher Empfindung enthoben. Zum ersten Mal Frieden, ohne Wörter. Das Schweigen tat mir gut, und ich weiß noch sehr genau, wie beglückt ich war, während ich auf eine S-Bahn wartete und bei einem schönen kalten Wind den Entschluß faßte, einfach noch ein wenig länger zu schweigen, als es nötig war. Als sich die Heilung anbahnte und die logopädischen Übungen ihrem Ende zugingen, wollte ich längst nicht mit dem Reden beginnen und nahm mir das Recht auf eine größere Auszeit, die mir half, meiner eigenen Kälte standzuhalten und jene Angst vor Nähe zu verstehen, die schnell in Flucht umschlagen konnte und am wenigsten mich selbst beschenkte.

Von heute aus betrachtet, kommt es mir vor, als habe die deutsche Sprache die an tiefster Stelle abgelegten Nöte des einstigen Kindes verglast. Als habe sie sich über alle Schmerzen gelegt. Erhaben und sakral. Auf eine eigenartige Weise beschützte sie mich dadurch, die schmerzhaft erfahrene Sehnsucht der Kinderzeit wurde weiter von mir weggerückt und schließlich konserviert. Zugleich arbeitete in der ersten Sprache alles scheinbar Verdrängte immer weiter vor sich hin, ganz so, als habe es nie wieder danach eine Begegnung mit den Eltern und Geschwistern gegeben und als heile diese Sehnsucht nie aus, wie eine Krankheit las sie in mir ihre eigenen Bücher, lag da wie ein großes Schiff und hörte nicht auf zu wachsen.

Nur mein Ich hielt sich schön fern von allem. Das Gesicht, wie glattgebügelt, wurde ein eigenes Wetter. Unempfindsam. Natürlich fingen irgendwann alle in der Schule an, mir von ihren Geheimnissen, Schmerzen und Krankheiten zu erzählen. Jeder erzählte sich mir, und ich hörte zu, das konnte ich offenbar so gut tun, daß das Erzählen kein Ende nahm und die Geheimnisse der Anderen alle in mir mündeten; als sei ich das Meer ihrer Schmerzen und halte das alles aus, ohne auch nur einmal mit der Wimper zu zucken. Eigenartigerweise war genau das der Vorgang, ich hörte zu, ließ mich nicht rühren und weinte selten, es sei denn, eine Geschichte endete mit Verrat, Trennung und Tod. Dann konnte auch ich nicht mehr an mich halten und vergaß, mich zu kontrollieren und mein Gesicht bei mir anzustellen, wartete nur, bis ich es wieder in meiner Gewalt hätte, bis ich ihm den Weg gezeigt hatte. Und wenn ich das mit eisernen Willen erreicht hatte, gingen die Schründe unter ihm still wieder schlafen.

Wie unter einer Glocke gesundete allmählich die Stimme. Aber immer blieb etwas Unnahbares in ihr, und manchmal erschrak ich mich beim Reden, weil sie mir fremd war und ich sie so gar nicht wiedererkannte. Ganz von ferne ahnte ich, wie sie einmal sein könnte, meine wirkliche Stimme, in der die Spannungen der Wörter wie auf einem Lichtschweif transportiert werden und all die Widersprüche der Sprachen und Bedeutungen, der Wut und der Sehnsucht sich aufheben könnten an einem einzigen Nachmittag meines Lebens. Und doch spürte ich die Wirklichkeit der eigenen Stimme immer nur dann sehr genau, wenn ich ausdauernd schwieg und das Schweigen mich lehrte, was unter der Stimme wohnte, Häuser hatte, noch und noch.

Viele Jahre nach dem Ausfall der Stimme schrieb ich an meinem ersten Buch. Die deutsche Sprache führte mich zielgenau an alle Lücken des ersten Lebens heran. Menschengesichter, der Geruch des Fenchels, die Flut der Bilder und Farben, alles stand da in den deutschen Wörtern, als sei es dort schon immer gewesen, als habe die deutsche Sprache stets einen Abgesandten, einen Mitbewohner in mir getragen, geboren geradezu, und dann machte sie mich mittels dieses Helfers zu einem Menschen mit Erinnerung. Jedes Wort trägt ein eigenes Schwingungsfeld von Bewußtsein in sich. Um so rätselhafter für mich selbst, mich an das Ersterlebte in der deutschen Sprache zu erinnern.

Sprechen war zu Hause immer ein Widersprechen gewesen. Durchschreiten mußte ich einen ganzen Wald der Verbote. Dem Vater widersprach man nicht. Der Mutter widersprach man nicht. Endlich waren sie da, die langersehnten Eltern, und nun verboten sie einem, mit ihnen zu sprechen. Die Wörter an sich waren untersagt, die Eltern immer müde und beschäftigt, von der einen Arbeit kommend, zu einer anderen gehend. Da durfte man nicht einmal zeigen, daß man lebte, daß man da war mit seiner Stimme, geschweige denn widersprechen, ein Vergehen wäre das gewesen, gegen das Heiligste.

Gerade wenn ich jemand tief liebte, wollte ich ihm fortan immer nur widersprechen, wollte fühlen, ob der andere noch bei seiner Liebe blieb, wenn ich nicht einverstanden war mit ihm und seiner Sicht der Dinge. Nach meinem Auszug von zu Hause verliebte ich mich als erstes in Voltaire. »Ich bin nicht einverstanden mit dem, was Sie sagen, aber ich werde alles dafür tun, damit Sie es sagen können.« Als ich seinen berühmten Satz in der Frankfurter Kneipe »Club Voltaire« an der Wand in großen Buchstaben las, wurde er sofort zum Inbegriff der Freiheit für mich.

Nur einen Satz laut zu sagen kostete mich alle Kraft. Ich schwitzte, und mir wurde heiß beim Reden. Nie hatte ich das Gefühl, wirklich einmal etwas Sinnvolles, Zusammenhängendes gesagt zu haben oder gar von meinen Mitmenschen verstanden worden zu sein. Erst durch das Schreiben erfuhr ich, daß es möglich ist, etwas zu *sagen*; daß es Sinn macht, eine Stimme zu haben und die Stimme mit den Wörtern zu verbrüdern. Das *Sagen* ist für mich seit jeher ein innerster Vorgang; was ich *sagen* kann, vermag auch erzählt zu werden. Die Sagbarkeit der Gefühle. Die Sagbarkeit der Bilder. (Sag mir ein Wort, Liebe. Schenk mir ein Bild, Liebe.) Ein Aufbäumen gegen das Untersagen, gegen das Verbot. Alles sagbar machen: auch die Stille zwischen zwei Menschenschultern. Solche Aufgaben stellte das Schreiben mir, und es war mir am Anfang, beim Erzählen erster Geschichten, beim Schreiben erster Gedichte, nicht bewußt, daß dies auf meine Weise ohne die verschwiegene Kindheit nie möglich geworden wäre.

Das Schreiben ist jetzt eine Brücke zwischen dem Land des Schweigens, meinen Wörtern und dem lauten Gehege meiner Stimme. Die Brücke läßt mich alles auf dem Papier sagen. Die Brücke ist meine freundliche Stille, in der ich alles entwickeln kann, ohne zu früh einen Schreck vor der eigenen Stimme und der zu ihr gehörigen Klangfarbe zu bekommen.

Aber welche Sprache hat das Kind, dem man das Sagen untersagt hat? Es schweigt. Das ist sein Sagen. Es sagt manchmal ja, wenn es eigentlich nein sagen will. Es lauscht der eigenen Feigheit. Es wohnt heimlich noch im Erwachsenen. Es bereist Bilder. Das ist seine Sprache. Es empfindet. Das ist seine Welt. Später weiß es nicht, wohin mit all dem inneren Raum, mit all dem wortlos Errungenen, das sich auf den Regalen des Herzens eingenistet hat und auf eine Geburt wartet, auf einen Wind oder auf irgend etwas anderes, mit dem es sich verwandeln kann; und sich verwandt wissen kann. Es weint, wenn es ein deutsches Wort hört und dieses sich anfühlt wie ein Verwandter von der Venus, so sehr liebt es die Wörter, so sehr klingen sie nach, daß es gerne ein anderer Mensch sein möchte, um nur einen Augenblick flüchten zu können, hinein in die alte Leere, in der es erlaubt war, ein bewegungsloses Gesicht zu haben. Es weint für sich allein, ohne Zeugen, wenn es im Innersten die Vorstellung entwickelt, die Würde eines Menschen küssen zu dürfen; zu können; zu müssen. Ja, in was für einer Welt würden wir leben, wenn die Würde wie unsere Gesichter küßbar wäre? Welche Art von Küssen müßten wir uns da einfallen lassen? Die Wörter, hätten wir Mut, sie zu fragen, wären dabei unsere treuesten Berater.

Es bleibt immer etwas vom Wesen dieses Kindes übrig, hinkt wie ein Lahmer in mir nach. Ein Kind ist das, auf der Suche nach dem Selbst, nach der Begegnung. Immer den deutschen Wörtern entlang. Immer mit ihnen. Immer ihnen nach wie zum Aufwind der Träume. In den Echoraum der Schweigsamkeit. In die Höfe des schwelenden Schweigens, der Musik so verwandt. Über dem Schweigen, wie auf einem Plafond, hängen die Barken. Sie sind weiß. Sie sind leuchtend. Sie sind Kerzen. Sie sind Wörter, mittellos, still. Eine Welt, Rand an Rand mit meiner Erinnerung.

Schmetterlingsflattern in der Kehle, an der Stelle, an der die Wörter aufkommen, wie Wellen am Strand. Ein Kitzeln in der Kehle und allmählich Freude, endlich etwas Wirkliches gesagt zu haben, manchmal leise, manchmal sanft, einmal sogar mit glaubwürdiger Stimme, ein Wort von Bestand.

Die Liebe, dazwischen. Wieder ein Herzlandgebiet, ein Mensch, in der deutschen Sprache. Und nichts hatte ich getan, als Stille zu sein. Zu hören. Die Trauer vorbeiziehen lassen, wie einen an der Dunkelheit krankenden Wolkensaum. So, denke ich manchmal, sind auch alle Menschen meiner Kindheit ins Himmelsnichts verschwunden und verbinden sich jetzt mit der Trauer, um etwas Neues zu werden. (Was? Wieder Menschen?)

Was ist bloß aus den serbischen Leuten meines Dorfes geworden? Haben sie wie ich die deutsche Sprache gelernt, irgendwo in Hessen, in Bayern oder in der niedersächsischen Provinz? Sind sie nach Amerika gegangen, in die Niederlande, nach Australien? Haben sie am Ende im Krieg gekämpft, geschossen, getötet mit ihren rehgleichen Gesichtern? Sich erinnert an unsere Felder, an die Falken, die einst über sie hinweggeflogen waren und deren Flug sich mit dem Benzingeruch der morgendlichen Autobusse vermischte und eine Art Zeuge des Sozialismus blieb, so viele Jahre, zusammen mit der blauen Farbe, die die Föderative Republik Jugoslawien wohl irgendwo tonnenweise gekauft hatte und nun alle Busse, Straßenbahnen, Sitzbänke, Bahnhöfe, Wartehallen damit anmalte.

Überall auf der Welt finde ich seit einigen Jahren dieses Blau, in Kairo, in Alexandria, in Lissabon, in Berlin taucht es plötzlich in irgendeinem Hinterhof auf und strahlt bei Sonneneinfall auf die gleiche eigentümliche Weise wie vor über zwanzig Jahren. Unschuld. Plötzlich der Gedanke, die blaue Farbe sei der Beweis einer guten Idee, die sich selbst in den Tod geführt hat, weil sie sich zu romantisch geworden ist. Im Vorbeigehen denke ich das, und auch nur, weil die Zeit dieser blauen Farbe für immer der Vergangenheit angehört.

12

Das Schweigen, ein Geburtshelfer der Sprache. Das Erschrecken über die Gesichter der Wörter, dieses ließ sich nur in der deutschen Sprache erleben und wurde vom Schweigen in eine neuentdeckte Ausdauer verlagert. Ich wartete, daß die Bedeutungen sich von alleine schälten, mir ihre Unterröcke zeigten, die Beine der Wörter, die Füße, die Zehen. Manchmal dauerte es Jahre, bis ich den Mut hatte, einem Wort in die Augen zu sehen, und jedes Mal traf es sich, daß es mir selbst etwas erzählte, nicht ambitioniert,

Wörter sind keine Menschen, oder doch? (Und dann, am Ende, vielleicht die besseren?) Sie wahren das Gleichgewicht. Bleiben in sich ruhen, können von Natur aus etwas länger warten als menschliche Herzen.

Manchmal hatte ich keine Kraft, der Empfindung, die mit den Wörtern einherging, ein Tor zu öffnen. Das Wissen zu erlauben. Als ich das erste Mal das Wort *Marterpfahl* hörte, geschah etwas überaus Eigenartiges. Ich nannte es später für mich Wortebeben. Ich erlebte Wörter, machte Erfahrungen mit ihnen, ohne ihre Bedeutungen zu kennen. Beim erstmals gehörten Wort Marterpfahl zuckte etwas in mir zusammen, und ich bekam eine lange anhaltende Gänsehaut. Wollte aber immer noch nicht wissen, was das Wort nun eigentlich bedeutete. (Wer es war!) Eiskalt lief es mir den Rücken hinunter, ich konnte mich gegen diese Kälte nicht wehren. Die Haare sträubten sich an Armen und Beinen, als ginge ich mit jedem einzelnen Buchstaben dieses Wortes in alle je gestorbenen Tode hinein. Direkt ins Gespann der Gedanken all jener, die sich geschworen hatten, für immer zu sterben. Nie wieder Weiden und Tiere auf der Erde sehen zu wollen. Nie wieder Höfe und Richter. Nie wieder Bäume und Jahreszeiten. Nie wieder Münder, Ohren, Gesichter. Nie wieder sich, nie wieder Menschen.

Als das Wort mir geschah, hatte ich nicht einmal eine Vorstellung davon, was es bedeuten könnte. Und das Wort geschah mir, wie mir sonst auch das Alltäglichste geschieht, wenn mir die Dinge näherrücken und alles an einem wetterwendischen Tag der Seele zur Begebenheit wird. Da ich diesen Zustand zum ersten Mal erlebte, prägte er sich mir sehr genau ein. Ein Mitschüler, daran erinnere ich mich, erwähnte es in einer seiner Erzählungen über einen Abenteuerurlaub, und ohne um seine Bedeutung zu wissen, machte *Marterpfahl* mich schaudern. Die Kombination aus *Marter* und *Pfahl* stand gleich einem sichtbaren Gebäude, einem Turm oder einem Hochhaus in der Luft, und ganz plötzlich schwankte ich bei seiner Betrachtung.

Von der Mitte der Brust verbreitete sich ein eigenartiger Schwindel durch meinen ganzen Körper, als sei nicht eigentlich mein Bauchnabel mein Zentrum, sondern eben jene wie Lichtwellen vibrierende Herzgegend, in der sich alles zu sammeln und zu besprechen schien.

Alles geschah dort *auf einmal*, zeitgleich wie auf einem Marktplatz. Wärme durchströmte mich zuletzt. Mit diesem Jetztmaß verschwand die Zeit. Als ich wieder um mich blickte, waren alle meine Mitschüler nach Hause gegangen. Der Schwindel hatte aufgehört, war ausgeklungen, wie Lieder zu Ende gehen. Bis zu diesem Moment hatte ich nicht gewußt, daß der Schwindel zum Glücksgebiet gehören kann. Ich fürchtete nicht mehr solche Wörter. Ich konnte mich vor ihnen schützen. Nicht wegrennend. Die deutsche Sprache hatte es mir gezeigt, wie ich mich dem Wort ergeben konnte und wie es dann nichts gegen mich tat.

Deutsche Wörter hatten den Rand der Zeit berührt. Auf welche Weise erfuhr ich das? Eine Uhr hatte ich nicht, ich verglich nicht den Stand der Zeiger vorher mit dem Stand der Zeiger nachher. Dergleichen warf sich nicht in den Blick, und wenn es so gewesen wäre, hätte es nicht *diese* Bedeutung gehabt; eine andere, ja; aber sie hätte sich nicht auf diese Weise in mich eingeschrieben.

Die Zeit, ein gerade noch beweisbarer Passagier in den Augen meiner aufkommenden Sprache, wurde eine Mittlerin ihrer untersten Schichten, jener Ränder, an denen sie stillsteht, so daß ich vergaß, an sie zu glauben. Sie löste sich freiwillig auf. Hörte auf. Als sei sie in Wirklichkeit immer schon ein brachgelegtes Schienennetz gewesen und als erkenne ich jetzt unter einem anderen Lichteinfall, mit den helfenden, sie aushöhlenden Händen einer neuen Jahreszeit, daß sie mitten im Nichts aufhört und daß die Zeit von einer Wüste umstellt ist, die sich so leicht nicht erkunden läßt.

Jeder Schritt auf dem Boden ihrer Abwesenheit, ein Versinken in Sand. Dabei aber doch, gleichsam in Kreisen um die eigenen Sätze gezogen, der Echoraum der Zeit. Die Erinnerung an die einzelnen Buchstaben des eigenen Namens, als wohne in ihnen ein Wesen ganz aus Brückenpfählen und warte auf einen gewitzten Baumeister, der, aus der Luft kommend, das irdische Handwerk der Steinbearbeitung versteht. Ein Kenner der Muster, der die Steine so lange bearbeitet oder aneinanderlegt, bis sie ein Bild ergeben und die Erde vertreten; ihre Entstehung, ihre Perioden; ihre unter dem Gras wartenden, uneinsehbaren Gesänge.

Auch ihren Nachhall nahm die Zeit mit ins Nirgendwo. Nahm ihr altes und neues Kleid mit. Ihrem Ende, das einer kreisförmig liegenden Schlange glich, folgte der Ton; die Tonalität des Deutschen. Dann die Farben. Der Gleichklang aller Stimmen. (Töne!, Formen!, Melodien!) Die Ufer der Stimmbänder. Welche Mündungen die Mundwinkel dabei waren und das Erlebnis der Wörter begleiteten! Immer sah ich auf die Mundwinkel der mir noch lange fremden deutschen Menschen. Ihre Mundwinkel sahen wie Vögel aus, hoben und senkten sich, weiteten sich, wurden von den Buchstaben gestillt. Ihre Lippen: Mütter. Umarmende. Küssende der Sätze. Und bergender Schutz des Zusammenhangs.

Die Lippen auch sonst, ohne Wollen, ohne Ziel. Sie wurden dann eines meiner ersterlernten französischen Wörter. Natürlich kam es dazu in einem Kinosaal. In Paris ging ich gerne ohne ein bestimmtes Ziel die Boulevards entlang. Der erste Herbst kam langsam, treu besonnte er noch einen standhaft grün bleibenden Platanenwipfel. Auf dem Boulevard Beaumarchais sah ich die Ankündigung eines französischen Films.

Als es kälter wurde und der Winter eisige Kälte, starken Wind und auch peitschenden Regen brachte, ging ich lieber ins Kino, als zu Hause zu heizen. Täglich sah ich zwei bis drei Filme. Um nicht den kleinen, an Strom angeschlossenen Radiator überstrapazieren zu müssen, lernte ich das Kinoprogramm aller Säle um République und Bastille auswendig, strich mir alle Film-Favoriten des Tages an und arbeitete mich nach einem bestimmten Prinzip durch meinen Tag zu meinem eigens ausgerufenen Cinéma-Sprachlabor durch.

Es war mir wichtig, immer den französischen Filmen den Vorzug zu geben, woran ich mich auch bis zum Schluß eisern hielt. Einige Zeit verging, und ich entdeckte, daß die Untertitel beispielsweise alter Roberto-Rossellini-Filme genauso geeignet waren, der neuen Sprache auf die Beine zu helfen. Das Lesen der Untertitel und das Anschauen der Bilder entpuppte sich sogar als eine sehr wirksame und empfehlenswerte Lernmethode.

Gleiches erlebte ich mit Pasolinis Film »Mama Roma«, in dem das Gesicht der Anna Magnani für immer die Bewegung des Körpers mit der Bewegung der Sprache in mir zusammenbrachte. Manchmal dankte ich im stillen den Franzosen für ihre Abwehr gegen das Synchronisieren. So konnte ich unzählige Male die Augen schließen und für mich die Worte der *Mamma Roma* übersetzen oder es beim Nichtverstehen belassen. Dankbar war ich besonders bei diesem Film, daß er nicht synchronisiert war. Da er traurig endet, konnte ich mir, ohne die Untertitel zu lesen, immer noch einen glücklichen Schluß ausdenken.

Es ist Pasolinis schönster und schrecklichster Film; wieder und wieder sehe ich ihn mir an, ob in Bordeaux, Berlin, Zagreb oder Paris, und möchte immer den Kinosaal verlassen, um bloß nicht noch einmal die traurigen Wangen der Anna Magnani sehen zu müssen, die wie kaum eine andere Schauspielerin den Geschmack der Seele als ihren einzigen

Ausdruck verlebendigt und damit über die Zeit hinaus erhalten hat.

In Frankreich blieb ich immer im Kinosaal bis zum Abspann sitzen, flüchtete nicht wie andernorts vor Mamma Romas Ende, machte die Augen zu und wartete, ob mir dieses Mal ein besserer Schluß einfiele, stellte mir hinzu jedes Mal vor, auch Mamma Roma warte mit mir darauf, arbeite in meinen Zellen mit, um sich ein besseres Filmleben zu beschaffen. Solange mir dies nicht gelingt, hatte ich in einem dieser kalten Pariser Winter gedacht, bleibt sie im bisherigen Film gefangen. Bis heute habe ich ihr keine Erlösung gebracht. Aber vielleicht wartet sie längst nicht mehr auf mich.

Einer der ersten neuen französischen Filme hieß *Sur mes lèvres*. Ich kaufte mir zwar das wöchentliche Veranstaltungsprogramm, *Pariscope*, las aber absichtlich nichts über den Inhalt des Films, weil ich mir vorgenommen hatte, den Titel und die darin vorkommenden Wörter durch die erzählte Geschichte selbst zu verstehen. Alle möglichen Ideen stiegen in mir auf, was das Wort *lèvres* bedeuten könnte. Anfangs fühlte es sich wie ein deutsches Seinsgewicht an, wie etwas, von dem eine Zukunft oder ein ganzes Leben abhängen könnte. Oder dem, wenn es ausgesprochen sei, etwas Aufsehenerregendes folgen müßte. Mindestens das Erkennen einer Illusion. Oder das Münden der Vergangenheit in das Jetzt. Daraus folgernd: das Ausbleiben der Zukunft.
Ich grübelte, welches Wort sich dazu eignen würde, diesen

Raum zu belegen. Als ginge es gar nicht um die Leute im Film, den Plot, um die Schauspieler und die Figuren, die sie darstellten, sondern merkwürdigerweise um mich. Wie genau dieser innere Raum mit dem Spracherlebnis verflochten war, erfahre ich erst jetzt, beim Schreiben, beim Durchschreiten meiner Erinnerung und beim Gewahrwerden all der in Filmen und auf den Straßen von Paris gesehenen Mundwinkel. Und auch jetzt kommen mir noch die Mundwinkel der Menschen wie die Vögel der Wörter vor. Vogelwörter, in denen die Stunden ihre eigene Vergänglichkeit einzeichnen.

13

Das Licht der Buchstaben ist von dieser Welt. Und doch übersetzt es nur ein höheres Wissen. Umtanzt den Marktplatz des Lebens. Wer könnte hier vergessen, wer nicht für nichts erinnert werden?

Das Alphabet, ein Feld, auf dem die Menschenträume wachsen.

In der deutschen Sprache erhielt ich (von wem?) die Erlaubnis, das Archiv zu betreten. Im Archiv wurde alles zusammengehalten. Von einer Hand. Die bereit war, die Möglichkeit der Sätze zu schenken wie eine Frucht.

Als ich das erste Mal *in die Nähe* dieser Möglichkeit kam,

erlebte ich das Wort SONNENTAU. Es kam einfach so in mich hinein. Grundlos. Als es da war, von den Buchstaben gehäkelt, wußte ich für Jahre nicht, was mit diesem Wort zu tun ist. Nichts, nahm ich an, und ließ es neben mir, in mir leben.

Das Alphabet hat ein Land. Jeder kann es betreten. Aber es gibt dort ein Tor zu durchschreiten. Je nachdem, aus welcher Richtung man auf es zugeht, verändert es seine Farbe (die eine Farbe führt zum Gedicht, die nächste zur Erzählung, die ihr folgende zum Roman und dann auch zu etwas Hybridem).

Mir war dieses Tor wie etwas aus der Kindheit vertraut. Das Land erhielt mit den Jahren des Schreibens einen Namen. Der Name ist mehr ein Echo als ein wirkliches Wort. Wenn ich es beschreiben müßte, versuchte ich es am ehesten noch mit einem Bild. Mit dem Bild des Einhorns.

Ein Einhorn, das von einem blaugefiederten Vogel geleitet und beschützt wird. Nicht umgekehrt. Der Vogel ist zwar klein, aber stark. Der Vogel weist dem Einhorn den Weg. Das Einhorn wird nicht geritten. Von keinem Wildmann und auch nicht von einer Frau. Vielleicht ist es die Zeit vor Lilith, vielleicht genau die Zeit ihres Erwachens. In jedem Fall ist es die Zeit der Unterrockzeit. Die Zeit unter der Zeit. *Unicornus* ist die Sammlung und das ganze Wissen eines Fabeltieres. Eine Speise aus der Kindheit. Aus der Sonnenzeit des Lebens.

Pathos erlebte ich im Deutschen als Reinheit des Gefühls, dabei kam es mir noch immer vor (wie überhöht auch ein Wort, ein Satz, eine Empfindung waren), daß ich sie doch immer noch bändigte. Überhaupt hatte ich nie eine Hürde empfunden, im Deutschen das Zarte und Sanftmütige in den Wörterhöfen zu finden.

Wenn meine Mitschüler damals in der Grundschule bestimmte Wörter sich im Flüsterton mitteilten, wurde ich hellhörig, es kam mir vor, als sei manchmal ein Geheimnis das sie Leitende gewesen. Zum Beispiel sagte man nie laut den Namen eines grünäugigen Mädchens aus der Klasse meines Bruders. Und als ich den Namen doch einmal laut sagte, wurden alle still.

Auf dem Nachhauseweg erzählte mir eine Klassenkameradin, das Mädchen sei Jüdin. Na und, dachte ich, traute mich aber auch nicht richtig, gegen das unsichtbare Verbot anzusprechen, zumal ich bis zu diesem Zeitpunkt nicht ein einziges deutsches Wort in der Schule laut ausgesprochen hatte.

Ein neunjähriges Kind sagte mir das, und ich wunderte mich, warum es das so leise sagte, als sei das jüdische Mädchen jemand Verbotenes, jemand, von dem man eigentlich nichts wissen durfte, und als geschähe jetzt etwas, das in jenem Moment des Aussprechens das Übertreten bestimmter Gesetze mit sich gebracht hatte. Was das für Gesetze waren, das konnte ich mir, ebenso neunjährig, nicht erklären. Ich wußte nichts von der deutschen Vergangenheit und nichts von der Ermordung der Juden. Aber von diesem Moment an nahm ich alles in mich auf, was ich darüber in Erfahrung bringen konnte.

Wann immer ich konnte, lächelte ich dem besagten Mädchen zu. Sie hat bestimmt gedacht, daß ich eine Macke habe. Ich hörte aber nicht mit dem Lächeln auf und hoffte, mit ihr ins Gespräch kommen zu können, hatte mir im stillen gewünscht, meinen ganzen Mut zusammenzunehmen und meinen ersten deutschen Satz an sie zu richten. Dazu ist es nie gekommen. Sie ging bald auf eine andere Schule, und ich habe sie nie wiedergesehen.

In meinen ersten Sprachschritten durch die deutschen Wörter stieß ich manchmal auf einen merkwürdig ungenauen Boden. Meistens entdeckte ich danach, daß es sich um irgend etwas handelte, das mit dem Zweiten Weltkrieg zu tun hatte und das auch mich in Beschlag nahm. Ich lernte danach die deutsche Geschichte genauso wie meine deutschen Mitschüler, mir ging sie ins Herz wie meine eigene, und ich fühlte mich verantwortlich für bestimmte Wörter, für die Stille zwischen ihnen, und obwohl ich das nie wollte, fehlte es mir manchmal an Mut, das Wort »Jude« zu sagen. Das lag nicht an mir selbst. Ich wollte es sagen, gerade, weil ich spürte, bevor wir Geschichtsunterricht hatten, daß mit diesem Wort etwas Großes (aber was?) im Raum stand.

Die Sprache der Kinder, mit denen ich groß wurde, trug dieses Fragezeichen mit sich und übertrug es auch auf mich, so daß ich immer glaubte, mit diesem Wort und allem es umgebenden Zusammenhang begebe man sich auf Glatteis.

Davor hatte ich Angst, fühlte mich aber um so mehr für dieses Wort verantwortlich. Damals kam zum ersten Mal eine Ahnung in mir auf, ein Gewahrwerden, daß auch in den Wörtern Gedächtnisse wohnen und wir teilhaben an ihnen, ob wir die Geschichte miterlebt haben oder nicht. In diesem Sinne fühlte ich mich zu dem Wort hingezogen, als müßte es von mir beschützt werden, als könnte ich es auf eine andere Art sagen, damit es in seiner Eigentlichkeit wieder möglich wurde.

Wie Zauberstäbe kamen mir die Wörter danach vor, sie brachten mich in diese oder jene Welt, aber *sagen* (und vielleicht reichte das stille Denken?) mußte ich sie selbst – um ihre Wirkung zu erleben. Die Reinheit der Wörter ist nicht immer gegeben, sie sind durch Gebrauch, durch das Benutzen an manchen Stellen verwundet worden. Damit die Wörter nicht mißbraucht werden, müssen wir sie kennen, müssen wissen, was für Wege sie zurückgelegt haben und was sie danach mit uns machen.

Sie haben Biographien wie wir Menschen. Wörter haben Lungen, Lebensabschnitte, eine Jugend, eine Reife, ein Alter. Sie sind Echoräume unserer Ideen und Gedanken. Handlanger unserer Wirklichkeiten. Hinter dem Alphabetstor gibt es die Pferde der Wörter. Sie reiten ihnen voraus, in unsere Sprache, direkt in unser Leben hinein. Auf diese Art kam auch einst das Wort SONNENTAU zu mir. Neun Jahre nach seinem Anklopfen an meine Schreibfingerkuppen (warum hatte es so lange gewartet?) entstand ein Gedicht daraus:

SONNENTAU GINGEN WIR SAMMELN,
den fließenden Saum,
aller Schiffe Zukunft.
Wir glaubten an das Leben,
an den Ursprung,
an die Geschwister
hinter dem Raum
an die Geschwister
hinter der Zeit.
Wir gingen den Sonnentau
sammeln und gaben uns
die Hand, Gewißheit gegen den Verrat.
Wir achteten das Wort,
gaben es den Körben anheim.
Mit unserem Tau
mit der Heimat der Sonne
kannten wir uns aus.
Gingen aus den Nähten
der gelben Farben hervor.
Wir waren unsere Namen.
Wir waren das Innere der Uhren.
Wir waren das Innere unseres Planeten.
Wir kannten keinen Schmerz.
Wir saßen auf Mauern aus wärmender Wolle,
kannten keine Friedhöfe,
keine eingegrenzten Gehöfte.
Wir waren friedlich, in den Innentaschen
unserer Hosen roch es nach Heu.

Wir mähten das Gewesene fort,
wir liebten alle
Erscheinungsformen unserer Vor
fahren, gehend oder liegend,
unser Zustand war das Hier.
Mit Palmen zogen wir ein,
wir lachten, die Zornigen schlugen
die Hämmer waren schon lange gehortet.
Wir gingen den Sonnentau sammeln.
Jerusalem stand vor uns
im neuen Gewand, in unseren Herzen,
ganzlaibige Veilchen.*

Als ich das Gedicht schrieb, wurde ich von der Vorstellung beflügelt, die Sonne trage eine Essenz in sich, habe eine gesundmachende, weitläufige Mitte und führe mein Menschsein wie einen Vogel zur Tränke. Etwas mit dem Tau Verwandtes lebte in dieser Mitte, etwas dem Licht Ebenbürtiges.

Tau ist sichtbar und fühlbar, hat auch heilende Kräfte. Das erzählte mir jedenfalls ein Mann, den ich sehr liebte und der jeden Morgen um sein Haus herumging, nacktfüßig, damit der Tau ihn von der Taubheit seiner Füße erlöse, während ich mein Gesicht in Schminke legte, damit es mir gehorsam werde und nichts von meiner Seele verrate.

Der Tau der Sonne ist nicht sichtbar. Er kann auch nur mit einem inneren Organ erfühlt werden. Mag sein, daß es die Nieren der Wörter sind, die ihm seinen Namen geben.

Oder für die Bestückung der Wörter sorgen. Für ihre Hinterhöfe Bürgschaft tragen.

Die Zärtlichkeit der Kindheit ins Deutsche hinübergehen lassen, sie mit dem Gehen durch die Wörter plötzlich überall möglich machen, sie überall finden, auffinden und umarmen, wie einen nahen Menschen. Wie Nervenzellen Zellausläufer besitzen können, horten die deutschen Wörter Ausläufer der Sanftmut und der Wärme in sich.

Kaum daß ich mich über den Spiegelrand des Wortes gebeugt habe, fühle ich den Tau, spricht schon die Hintertüre, reden die Länder des Wortspiegels auf mich ein, ganz sachte, sie sprechen in Rhythmen mit mir, in Gedichten. Manchmal komme ich mir beim Erschreiben der Welt vor wie Vladimir Nabokov, nur daß ich die Wörter fange, die Schönheit versprechen, und sie dadurch ins Leben rufen möchte, nicht archivieren, wie Nabokov das mit den Schmetterlingen getan hat. Nicht die Wörter dem eingehauchten Tod anvertrauen. Das Schicksal der gesammelten Schmetterlinge ist das Schicksal der Ewigkeit, und in ihr hören allem Anschein nach die üblichen Lungengesetze auf zu herrschen.

Die Lungen der Wörter haben Standkraft. Verbinden das Einheitliche aller Sprachen. Flüsse darunter. Ein Graben Liebe. Ein zentralnervöses Bedürfnis, sich wieder an den Tisch zu setzen, wenn draußen die Stunden auslaufen und die Menschen ihre Taschen mit sich tragen, mit Dingen darin, schwer wie Gesetze. Mir ist mitten in alldem nach

Gertrude Stein, denke ich und ginge nun gerne in der Geographie als Erfindung menschlichen Geistes spazieren. Aber ankommen möchte ich, hier, in diesem gewendeten Jetzt. Ich will wissen, welche Füße man den Menschen gab und was sie nahmen als ihr Gesicht, was sie lenken, gehen ließ von links nach rechts, nach Hause und in die Mitte eines anderes Gesichts.

14

Wie könnte eine Biographie des Buchstabens A aussehen, enthielte sie alle je mit ihm beginnenden Namen?
Apfelgrüne Anfangsworte. Allgegenwärtiges, Münder, bereit für das erste Wort, gemacht aus der Lust und aus dem Schweigen – könnte so ein biographischer A-Strang aussehen? Nur bekleidet mit Anwesenheit, ein Menschmachmichendlichwiederganz-Wort, in der deutschen Sprache. Und was wird anders, wenn es im Spanischen erwirkt wird, das Sehnsuchtserlösungswort? Im Englischen? In der Welt des Hocharabischen? (Italienisch scheint dafür auf die Welt gekommen zu sein, kein Anstoß, kein Problem, kein Hindernis auf weiter Flur. Italienisch und Buchstabenbiographien: eine Entität. So drückt es sich aus in mir, obwohl ich ja doch keine Ahnung von dieser Sprache habe.)

Das Einlieben in die untersten Schichten des Lebens, in die untersten Schichten der Sprache. Liebe und Leben, eine gottgewendete Einheit. Ein Gleichklang. Eine graphische Einritzung. Unendlichkeit und Buchstaben. Als einzige (Wesen, am Ende und am Anfang sind sie alleinige Wesen) haben sie Kraft für einen immerwährenden Atemzug, sind alt und jung, müde und wach, sind Speicher und Felder, sind Brot und Schrot und Korn und werden dann schließlich auch zu Waffen, wenn der Zorn in den Menschen zur Wut gerinnt und die Wut ungesagt bleibt, auf dem Weg zur Rache.

Aber können Wörter etwas dafür, daß wir sie gebrauchen wie Geschirr? Die Buchstaben als Sinne unserer innersten Welt verknüpfen. (Wie? Mit uns selbst.)

Sie kostbar halten. Keinen Krieg vorbereiten, in den Schründen der Wörter Ganzheiten suchen. Die Gräben und Lügen kennen. Sie nicht wieder selbst aus der Welt hinauslügen. Aber da nicht bleiben. Nicht beim Abstauben bleiben. Hinausgehen, aus den gebrochenen Knien der Sätze. Die Sätze haben gebrochene Knie, weil wir Menschen sie auch haben und nie wirklich in uns selbst gehen können (und damit über das Häßliche und über den Tod hinaus). Wenn sie je etwas Prophetisches sagen, dann als Bitte, den Wörtern die Haut weich zu halten und sie abzutasten nach jedem Abszeß.

Die Wörter wundernd halten, mit sich selbst.

In der deutschen Sprache ist Gott eine weiche Haut geworden. In der ersten Sprache hingegen war er der Rächer, der Sühner, der Wissende mit dem bösen Köcher. Er beobachtete, sagte, richtete, gab sich nie zu erkennen. Verfolgte mich Kind bis in die innersten Ritzen. Selten war es warm in der Kinderzeit. In der ersten Sprache drohte der Himmel nur mit seiner Faust, und auch die Wolken machten manchmal den Eindruck von Mitspielerinnen.

Ich saß vor dem Haus, mein Großvater war auswärts, und wenn er kam, lachte der Himmel, denn ich sah nur noch sein Gesicht, seine Wangen wurden in diesen Augenblicken ein trostgebärendes Gebiet. Später, als wir über Deutschland sprachen, sagte Großvater, er glaube, die Deutschen seien ein gutes Volk, weil man ihm erlaube, an Gott zu glauben. Er ging fast nie in die Kirche. Er war zwar Glöckner, aber das genügte ihm schon als Dienst an Gott. Ein Gotteshaus war für ihn doch nur ein Haus, in dem vielleicht, so sagte er es, mitunter auch Gott zu finden sei, aber der wohne sicher woanders und brauche nicht wie wir Menschen ein Dach über dem Kopf.

Wie leuchtete seine Gestalt mir immer entgegen, wenn er die Glocken läutete. Unsere kleine Kirche stand inmitten des alten Friedhofs. Das Dach sah immer ein bißchen wakkelig aus, und ich fürchtete, es könnte eines Tages in sich zusammenfallen und meinen Großvater unter sich begraben.

Aus großen Steinen ist die Kirche erbaut worden. Als einst die Osmanen auch unser Dorf erreicht hatten, zerstörten sie damals die alte serbisch-orthodoxe Kirche. Kroaten und Serben taten sich gegen die Eroberer aus Konstantinopel zusammen und erbauten mit den alten Steinen das neue Gotteshaus. Es sollte ein gemeinsamer geheiligter Ort werden und war es auch eine Zeitlang.

In diesem Kirchlein läutete mein Opa über zwanzig Jahre lang die Glocken. Veljko, der Gastwirt in unserem Dorf, erzählte mir vor einiger Zeit, er habe meinen Großvater als den musikalischsten unter allen Glöcknern in Erinnerung behalten. »Ich glaube«, sagte Veljko, »er war einer der besten, er konnte mit den Glocken etwas, was die anderen nicht konnten, er konnte feiern. Er war der einzige, der mit den Glocken musizieren konnte.« Er sei immer sehr präzise bei seiner Arbeit gewesen und habe auch bei den Prozessionen intuitiv gewußt, wann es gut war, eine Atempause einzulegen, und wann es sich empfahl, weiterzumachen.

Die alten Steine erinnerten mich wegen ihrer Helligkeit, die vor allem im August einen geheimnisvollen Anstrich bekam, an große Meeressteine. Manchmal dachte ich, es könnte sich um Leuchtturmsteine handeln oder wenigstens um Brudersteine, Verwandte jener großen Bogomilensteine, die sich nur wenige Kilometer von unserem Dorf auf der Landstraße Richtung Split befinden.

Auch die Bogomilensteine haben eine eigene Geschichte. Die Leute benutzten sie über Jahrzehnte hinweg als Grenzsteine zu ihren Grundstücken. Sie bauten einfach Mauern mit ihnen und benutzen sie als Stützsteine, weil man ihnen lange Zeit nicht gesagt hatte, was diese mittelalterlichen Steine bedeuten. Als Kind wußte ich es auch nicht genau und hielt sie, wie alles Schöne, einfach für Kunstwerke des Himmels.

Großvater sagte nie etwas Näheres oder Handfestes über Gott. Er schien aber auch für ihn ein Art Haut zu sein, vor allem in den Momenten, in denen er sich beim Glockenläuten leicht in die Luft hob und dort wie ein Vogel auf einem dünnen Ästchen verweilte, ohne aus der Ruhe zu kommen. Zwischen seinen einzelnen Bewegungen sah ich, daß er in regelmäßigen Abständen für kurze Augenblicke von den beiden schweren gußeisernen Glocken in die Höhe gezogen wurde. Einen zarten Zeitschritt lang. Aber mir entging es nicht, wie er in jenem Augustlicht eins wurde mit der Luft und mit dem Raum der Glocken. Sein kurzes Schweben, ja Verweilen im Nichts machte mich eigenartigerweise glücklich wie sonst nur schöne Träume, in denen ferne Länder, kiloweise Vanille, leuchtende Farben oder die braunen Augen meines Vaters vorkamen.

Auf die Art der nächtlichen Bilder blieb mir dieses Leichtigkeitserlebnis des großväterlichen Körpers in Erinnerung und vermischte sich mit der Zeit mit anderem. Mir kam vor, als spreche jetzt sogar ohne mein Zutun dieses lichtdurchsetzte Augustbild mit anderen flimmernden Bildern meiner Kindheit. Und als entstehe in den Fluren meiner Vorstellungskraft eine zwangsläufige Verbindung zu allen verstorbenen Menschen, von denen Großvater oft sprach, wie etwa zu meinem Urgroßvater Grgo, der kurz vor dem Ende des Zweiten Weltkrieges von italienischen Faschisten, in der Nähe der kleinen Steinkirche, mit einem Lastwagen überfahren wurde. Dieser Vorfall beschäftigte mich als Kind sehr. Großvater erzählte mir davon. Es war mir unmöglich zu verstehen, daß man einen Menschen überfahren konnte. Und dieser Tod meines Urgroßvaters kam mir sogar schlimmer vor als das Erschießen.

Vor allem aber schufen mir die Bilder eine Art gefühlsmäßige Direktleitung zu meiner früh verstorbenen Großmutter Mara. Es geschah dies auf die Art der Träume, aber ich wurde nicht müde dabei, sondern hellwach und konnte mich auch immer an alles sehr genau erinnern. Dieser Resonanzraum, den mein Großvater fortwährend durch seine Erzählungen aufrechterhielt, erweckte in mir den Eindruck, Oma, zwar nicht mehr unter uns Menschen, sei doch mit einem inneren Organ berührbar und warte nur darauf, daß ich mit ihr spreche.

Großvaters Gesicht wurde offen, wenn von ihr die Rede war. Mit siebenundsechzig Jahren war sie gestorben, Jahrgang 1908 war sie, zwei Jahre älter als ihr Mann, eine Frau mit einem Blick voller Güte. Eine Photographie, auf der sie zusammen mit Großvater zu sehen ist, hat mir meine ganze Kindheit über etwas über sie erzählt.

Als Mädchen, und später oft auch als Erwachsene, betrachtete ich stundenlang diese Photographie. In ihren Händen hält Großmutter Pfefferminzblätter, die wie ein Strauß Blumen gebunden sind, und so hält sie die Minzblätter auch, als sei sie bereit, diese zu verschenken. Ihr Gesicht ist durch ihr geheimnisvolles Lächeln derart anders als auf allen anderen Bildern, die ich von ihr kenne, daß es mich wie magisch anzieht. Hier scheint sie an einem Geheimnis teilzuhaben. Als Kind stellte ich mir vor, daß dieses Geheimnis etwas mit den Minzblättern zu tun haben mußte.

Es war für mich unbegreiflich, daß sie Großvater nur wegen des Todes »verlassen« hatte. Der Tod, hatte ich angenommen, sei nur ein Wesen, dem man gar nicht folgen mußte. Warum war sie folgsam gewesen (wegen der Müdigkeit, angesammelt in zwei Weltkriegen?) und war in eine uns allen unbekannte Welt gegangen.

Großvaters Liebe für meine Großmutter hörte mit deren Tod keineswegs auf. Also mußte es sie geben! Wie hätte er sonst jemand lieben können, den es gar nicht gibt? Wegen seiner Beständigkeit sprach ich mit Omas Gesicht, verband mich mit ihren freundlich blickenden Augen und sagte ihr tausendfach im stillen, daß sie hätte bei uns bleiben müssen. Großvater liebte alles an ihr, blieb ihr siebzehn Jahre lang, bis zu seinem eigenen Tod, treu. Ihr Tod, sagten die Leute, habe nur seine Liebe zu ihr gefestigt. (Wie meine Großeltern wohl leben würden, wenn sie jetzt, ohne Kriege, ohne kalte Winter und ohne fünf hungrige Kinder einander neu begegnen könnten?)

Über diese luftgetragenen Kindheitsgespräche mit meiner Großmutter habe ich nie ein Wort verloren. Wie hätte ich auch erklären können, daß sie mir auf eine geheimnisvolle Art alles über sich erzählt und mich in die Pflicht genommen hatte, das Leben zu ehren und alles Erlebte auf die gleiche Art zu halten, wie sie jene Pfefferminze gehalten hatte; als könne sie sich an ihr einen besseren Halt als an einem Menschen verschaffen. Vielleicht hatte mein Großvater sie zwar sehr geliebt, aber zu wenig geküßt, und sie suchte sich anderswo (immer bei den Blumen) das Zarte. Damals war mein Austausch mit der Großmutter von einer solchen Kraft, daß ich sie manchmal am warmen Ofen Schulter und Schulter bei uns fühlte. Aber nie hatte ich sie »sprachlich« gedacht, mir nie selbst gesagt, was ich mit ihr erlebte. Sie war wie Wasser in mir, reines wortloses Wissen.

Mit deutschen Wörtern zu den minzehaltenden Händen meiner Großmutter zurückzukehren, zum ersten Mal seit ihrem Tod in Form von Wörtern bei ihr zu sein, ist getragen von einem wachen Glücksgefühl. Darin erzählt sich mir die Berührbarkeit der unsichtbaren Welt. War *Welt* denn je etwas Sichtbares für mich? Nein. Welt war immer das Ganze – und kam stets aus jener Wirklichkeit, die man nicht sieht und mit bloßem Auge nicht erkennen kann.

Als Kind hatte ich das Gefühl, laut gesprochene Worte könnten das mit Großmutter Erlebte zerstören. Und jetzt? Wie ist es möglich, mit der Sprache das einst im stillen vollzogene Welt-Gefüge zu betreten?

Bei näherer Betrachtung ruft dieses Gefüge den Eindruck in mir hervor, einem durch und durch präzise geträumten Traum entsprungen zu sein. Jedes Mal, wenn ich es zu fassen versuche, verwandelt es sich in etwas anderes. In Chimären der Bilder und Hinterbilder. Manchmal fügt es sich dann doch. Dann ist diese unsichtbare Welt klar wie ein begehbarer Raum. Ein Ort, an dem die Dinge geschrieben stehen. Mit deutschen Wörtern gehe ich diesen Ort Schritt für Schritt ab. Manchmal ist dieser Ort ein Raum mit vier Ecken. Manchmal aber auch nur eine gewundene Linie, der ich so lange mit meinen Blicken folge, bis sie sich anfängt zu krümmen. Ich schaue zurück und sehe, daß das von mir für eine Linie Gehaltene keine Linie war; nur etwas gleichermaßen mit Vergangenheit und Zukunft Verknüpftes, das mich, als handelnden Menschen, zur Gegenwart ernennt. Zur Mittlerin zwischen dem Gewesenen und dem Kommenden. »Es gibt nichts Schwierigeres als eine Linie«, hat einmal Picasso gesagt. Vielleicht war er als Maler diesem Ort sehr nah, ein Teil von ihm sogar? Bilder sind hier heimischer und näher am Atem als Wörter.

Verbinde ich mich mit meiner eigenen Lunge, dem Brustgebiet der Anbindung an das Licht des Wissens, dann kann ich diesem Raum ergeben folgen. Gärten gibt es dort. Und viele Beete. In einem Beet wohnt das *erste* Wort. Zu diesem Beet vordringen, vorbeigehen an allen Paradiesfrüchten, um dann am Granatapfel rotmündig zu werden. Sprache essen. Ihr Eisen. Ihre Vitamine. Das ganze Reich der Mineralien, einverleiben. Die Einheit suchen, den Granatapfelbaum, die Heilpflanze der Sprache. Brodsky hat recht, wenn er sagt, Sprache sei Schicksal. Aber dieses Schicksal ist einer haargenauen Gleichung, einer *punica-granatum*-Liebe unterworfen und wird von ihr zurückgestoßen, wertfrei und aus dem Bauch heraus.

Im Deutschen kann ich wunderbar zornig sein. Und sowohl der heilige als auch der eilige Zorn leuchten in dieser Sprache ein. Im Erstmütterlichen: ein Feigling wie er im Buche steht, mein Ich, ein kleinwüchsiges Wesen. Ein verlassener minimaler, fast unsichtbarer Mensch, der Lippenstifte erfindet und von Schmuckkästchen träumt, damit die Kinder des Dorfes (wenigstens diese) ihm ihre volle Aufmerksamkeit schenken; wenigstens eine kleine; wenigstens für Momente. Wenn sie dann vom Hof und aus dem Haus verschwunden sind, breitet sich die übliche altbekannte Leere im Kind aus. Es weiß nichts mit sich anzufangen. Immer denkt es, und das denkt es mit den ersten Wörtern der ersten Sprache, es genüge nicht. Nichts genüge an ihm. Müsse neu erfunden, gemalt, überbordet werden, damit das Kind eine Berechtigung hat. Ein Recht auf Leben in diesem Dorf, bei diesen Menschen, bei diesen Mitschülern, die der Pfarrer ausnahmslos alle schönstimmig fand.

Das erste Land der Sprache, ein Feld der Benachteiligungen und Wunden. Ein Lazarett der Seele, in dem das Sagen der eigenen Wahrheit auf ewig verunmöglicht schien. Dieser Teil der Kindheit, ein Land des Darbens an der eigenen Stimme. Sie sei zu rauh. So ungehobelt klinge sie beim Ave-Maria. Zu weltverweilend. Nicht gut genug für das Ätherische, für die Kirchenräume und die feinen Altardeckchen,

die ich so sehr wegen der feinen Stickereien und der schnee-
weißen Hände der Kirchenhelferin liebte.

Sie wasche die Altardeckchen, sagte die Kirchenhelferin
öfter auf dem Dorfplatz, aus Liebe zu Gott. Dabei strich sie
mit der flachen Hand über ihren schönen blauen Rock, wie
um ihn zu glätten. Ich sah, daß sie ein bißchen log und es
mindestens genauso aus Liebe zum Pfarrer geschah, als gehöre der jetzt innerhalb ihres schneeweißhändigen Lebens
zu einem Sehnsuchtstrupp der Engel. Denen vertraute sie
alles an. Die kannten den Tau an ihren Lippen, wußten von
den Vögeln ihrer Mundwinkel und von den dort nachts ge-
borenen Wörtern.

Hätte ich nie das Deutsche erlernt, wäre die Kirchenhelferin
nur eine Frau unter vielen in meiner Erinnerung geblieben.
Aber Erinnerung verwaltet sich noch einmal anders in einer zweiten Muttersprache. Diese Kirchenhelferin war die
Schwester des Glöckners, der meinen Großvater abgelöst
hat.

Im Deutschen denke ich sie immer mit einem Granatapfel zusammen. Wie Frucht und Frau in meiner zweiten
Muttersprache zueinandergefunden haben, kann ich mir
selbst nicht erklären. Aber ich lasse mich auf dieses Bild ein
und sehe, wie es in meiner Vorstellung immer freier wird
und mit einem Gemälde aus dem vierzehnten Jahrhundert
verschmilzt.

Dieses Gemälde ist im Tacuinum Sanitatis abgebildet,
dem »Buch der Gesundheit«, entstanden Ende des vier-

zehnten Jahrhunderts in Oberitalien. Darauf ist ein Mensch in einem blauen Gewand zu sehen, das ihm bis zu den Fesseln reicht. Er nimmt sich reichlich vom Granatapfelbaum, der in all seiner Pracht vor ihm steht. In seinem Gesicht lese ich strikte Entschiedenheit zur Ernte. Im Wipfel, aber auch rechter Hand des Baumes, blaue, rote, grüne Vögel, die mir wie Sängerinnen der Heilpflanze vorkommen. Je länger ich das Bild betrachte, desto schlüssiger erscheint mir die Verschmelzung der Kirchenhelferin mit diesem blaugewandigen Menschen. Und selbst wenn ich mir dies alles einbilde, so doch nur im wörtlichen Sinne. Vielleicht hat die Kirchenhelferin jetzt irgendwo im Weltall ein schöneres Leben, vielleicht wartet sie noch auf ein neues. Ich für meinen Teil habe die Bildwelt freigesetzt (möge die Frau weiter ernten).

15

Die Sprache: eine Anbindung an das Granatapfelleben. Vielleicht, wenigstens einmal, ist die Biographie ihre Erbin. Ihre Kennerin und Wissende der Früchte, in denen nichts dem Zufall überlassen ist. Der Zufall ist ein Eimer kalten Wassers, wenn ich seinen Ursprung nicht kenne und am Baum der Sprache gesägt habe, ohne mich als Lesende zu erkennen, ohne mich als Signum des Textes eingebracht (benutzt) zu haben. Die Sprache, meine Behüterin, kennt die Verläufe der Wörterflüsse. Kennt die bezwingbaren und die unbezwingbaren Berge und Felsen. Alle in der Kindheit geboren. Und sogar der Karst könnte eine Erfindung der Einsamkeit gewesen sein. Das denkt das Kind. Es denkt, es habe alles selbst erfunden. Habe sich eingebracht in den Verlauf der bitteren und der gesundmachenden Stunde.

Fügt es sich selbst, dann weiß es aber auch, daß dem einen das andere vorgearbeitet hat. Und daß es kein Bitteres gibt ohne den Honig der Palmen. Das Kind lacht, ich lache mit, es ist, als sei da eine Stelle in der Seele, die dieses Kindsein immer umgarnen möchte, die glauben möchte, glaubend ist, wie jenes kleine Wesen auf dem Zürcher Flughafen, das mit einem Mal vor mir stand und mir so viel mehr von Gott erzählte, als es je ein Buch, je ein anderer großer Mensch getan hatte.

Während ich auf einer Bank saß und auf meinen Flug nach Berlin, meine neue Lebensstadt, wartete, sah ich ein kleines Kind. Es hatte wohl gerade laufen gelernt und löste sich in einem Augenblick der Unaufmerksamkeit von seinen Eltern, lief einmal um sie herum und dann schnurstracks auf eine Rolltreppe zu. Dies aus der Ferne betrachtend, wurde mir ein wenig mulmig, und während ich überlegte, ob ich aufspringen sollte, ging das Kind wie von einer inneren Hand geführt geradewegs weiter auf die Treppe zu. Noch bevor es den Fuß auf sie setzen konnte, war mit einem Mal sein Vater, vorher tief ins Gespräch versenkt, aufgetaucht, er nahm sein Kind in die Arme, setzte es auf seine Schultern und unterhielt sich weiter mit seiner Frau. Keiner der Beteiligten hatte die Gefahr gesehen, in der das Kind sich befunden hatte. Aber ein inneres Gespür hatte es allen erlaubt, genau die Erfahrungen zu machen, die jeder machen mußte. Ich, die Betrachterin dieser Szene, bekam eine lange anhaltende Gänsehaut.

Und die deutsche Sprache, war sie nicht für mich so etwas wie das Schulterblatt des wissenden Vaters, der in der Zeitspanne eines einzigen Augenaufschlags ein Behütender wurde? Überhaupt fügte das neue Gehen in der deutschen Sprache zwei Wörter wie Zwillingsleute aneinander: Gott und Licht. Gott und Leben. Natürlich fing ich jetzt auch an, an eine Göttin zu glauben, die hatte sogar den größeren Überblick, und wenn ich von allem die Nase voll hatte, fragte ich sie, wie es denn jetzt weitergehen solle. Ich wußte von ihr gar nichts, außer daß sie nie ein Nieselpriem war, verrannte sich nie in eine Nebelung, ihr alter Name schälte sich heraus. Ein Wort habe ich für sie immer noch nicht gefunden, aber alle anderen Götter waren neben ihr seit alters her lediglich kleine Angeber, rührende predigtgeschwängerte Gernegroße. Meiner Schwester verdanke ich drei N-Wörter: Nebelung, Nieselpriem und Nebensonne.

Sie hatte eines Tages, so drückte sie es selbst aus, Forschungen gemacht. Und war dabei auf diese Wortfelder gekommen. Besonders berührte sie der Ausdruck »Nebensonne«, die, erklärte sie mir, eine Spiegelung der Sonne in den Wolken bezeichne.

16

In Berlin fing ich an, die Sprache der Farben und der Bäume zu lernen. Bei Spaziergängen sah ich die Bäume in neuen, symbolischen Formen. Sobald ich an einem Text arbeitete, meldete sich das Spiel der Farben im Unterpfand der Wörter. Und ohne es selbst je herausgefunden zu haben, warum, denke ich jetzt dabei an das kleine Kind am Zürcher Flughafen, als sei es ein Vorbote, ein Ankündiger der Farben gewesen, die man nicht sieht, die aber den Wörtern den Rücken stärken, sie stützen und die immer *da* sind, als Fluidum und Welt.

Manche Wörter sind blaugesichtig. Andere wieder ahornherbstfarben schön. Sie öffnen die Dichte der Wirbel. Tragen Sommersachen, und manche fahren Auto. Andere nehmen noch den Fiaker. Da muß ich dann warten, auf die Schotterstraße hören, auf den Nachhall der Buchstabenzwischenräume, weil sich die Buchstaben, auf Schotter gesagt, ganz anders anhören als auf einer zementierten Straße, einem Sandstück oder in einer Röntgenröhre. Zu einem Fiaker gehört auch ein Kutscher, der darf nicht vergessen werden, irgendwie gehört er zu einem solchen Fiakerwort (das Wort Fiaker ist zum Beispiel ein solches) dazu.

Wenn ich das Ohr dann nicht auf den Sprachboden lege, wird nichts aus dem berührbaren Raum. Die Wörter gehen baden, werden naß. Sind nicht mehr zu retten. Badende

Wörter sind wieder etwas ganz und gar anderes, und wenn sie Badende sind, muß es einen Sinn im ganzen Gefüge machen. Aber schön ist das nicht für einen Schriftsteller, die Wörter wieder trocknen zu müssen.

Die Hüte der Wörter müssen beim Schreiben immer gelüftet werden. Was für ein Kopf steckt unter dem Hut? Es ist außerdem wichtig zu wissen, von woher die Hüte und die Hutleute kommen. Ein Hut hat auch eine Herkunft. Er entstammt dem Land eines Menschengedankens. In einer bestimmten Sprache betritt er die Bretter der Welt. Wenn es ein österreichischer Hut ist, sieht er sicher anders aus als ein französischer.

Eine wortgeknüpfte jugoslawische Hutsache unterscheidet sich jedoch von allen anderen vollkommen. Bei dem Wort »jugoslawisch« fühle ich mich jetzt nicht mehr schuldig oder unwohl, da auch Serbien endlich den alten, gesamtjugoslawischen Namen abgelegt hat und sich jetzt einfach wahrheitsgemäß Serbien nennt. Eine ganze Weile lang hat mich die serbische Okkupation des alten Namens aufgewühlt, war Jugoslawien doch längst nicht da und hatte auch nie allein nur Serbien gehört.

Auch deshalb geht es mir wieder gut über die Lippen, das jugoslawische Was-auch-immer-Wort. Und mit der inneren Erlaubnis zur eigenen jugoslawischen Biographie: immer die Lieder der Jugendzeit. Es gibt einen Song von Jure Stublić, der den Titel »Die Farben sind in uns« trägt. Vom gleichen Liedschreiber und Sänger stammt auch das Lied »E moj druže beogradski«; ich habe es für mich immer mit »Mein Belgrader Freund« übersetzt. Wörtlich müßte es Genosse heißen, aber diese Bedeutung hat es für mich nie gehabt. Beide Lieder, das Umkreisen der inneren Farben und der Abschied von einer gemeinsamen Welt, haben sich in mir als ein Resonanzraum meiner ersten Sprache abgespeichert. In keiner anderen Sprache kann etwas derart gesagt werden, im Grunde entzieht es sich den Wörtern, obwohl es mit Wörtern gesagt wird, und die erste Sprache ist die einzige, in der ich immer ein weinender Mensch bin, wenn ich mich erinnere.

Im Deutschen ist die Erinnerung ein Schutzgewand, eine Fügung; ein Fluß, in dem ich schwimmen kann und der mich ins Offene eines großen, gewaltigen Meeres hinausträgt, aber nie zu einem tränenden Sprach-Menschen macht. Immer ist da eine Obhut, eine Hand, die sich meiner annimmt, mich führt und leitet, als kanalisiere sie etwas in mir, das zum Ausdruck gelangt, ohne sich in der Trauer zu verstricken; die Sprache hebt mich in die Höhe, läßt mich aber zugleich immer auf dem Boden, von der Erde aus betrachten.

Die ersten Erzählungen schreibend, ging ich in Gedanken stets in den Garten meiner Kindheit, lümmelte in der Sonne, kühlte mich im Schatten des Maulbeerbaumes, den es längst nicht mehr gibt, und sah, dem Schreiben innewohnend, immerzu auf den Mandelbaum, der mir in meinen ersten zehn Jahren ein treuer Begleiter war.

Immer wenn es an Menschen mangelte, und es mangelte in dieser Kindheit immer an ihnen, sprach ich mit dem

Baum, und mit der Zeit entdeckte ich, daß er bewohnt und bewohnbar war. Ich hatte also unsichtbare Gesellschaft, redete mit den Blüten, öffnete die Früchte im Herbst, aß auch einmal Gras, Sauerampfer und Klee aus Neugier, das Nachzittern der anderen Gräser und Blätter speicherte sich so dicht in mir ab, als sei ich damals ihre Komplizin geworden. Auch jetzt spüre ich das Zittern, als spreche das Gras noch immer in mir weiter von seinem ureigenen Sommer. Beim Schreiben entdeckte ich dieses bereits vorhandene Zittern der Natur in mir wieder und kletterte in meiner Vorstellung auf den Baum, der mir so oft ein Tröster, ein Mitmensch an der Stelle der Menschen gewesen war, und schrieb wie aus dem Bauch des Baumes heraus.

Beim Hinaufgehen hatte ich diese Baumstelle entdeckt, eine Sonne in der Mandelstammachse. Eine Wachheit auch. In einer durch und durch politisierten, von den Bildern der Gewalt bestimmten Welt klingen diese Bilder romantisch. Vielleicht sind sie es im besten und tiefsten Sinne. Sie sind in meinem Leben ein Ankerplatz geworden, waren es schon immer, und wenn ich mich an diese Zeit erinnere, so ist sie eine Wissende, ein Teil meines Jugoslawiens, das niemals behütet war. Dabei war ich als Kind so bedürftig, eine ganze Weile lang gab ich meinem Großvater gegenüber vor, bereits in den ersten Schulwochen Gedichte geschrieben zu haben.

Er selbst war Analphabet und konnte nur seinen Namen schreiben. Aus Einsamkeit log ich immer ganze Buchstabenreihen zurecht. Aber ich wollte ihn auch beschenken, mit einer Welt, die sich ihm entzog und gerade dabei war, sich mir zu eröffnen. Einer meiner ersten Lehrer trug den schönen Namen Amir, war ein bosnischer Moslem, der nach Dalmatien gezogen war und später auch hier heiratete. Er kam oft in den Garten meines Großvaters, trank mit uns einen Tee und erzählte meinem Opa von meinen schulischen Leistungen. In der Klasse las Genosse Amir uns Gedichte vor, und ich weiß noch, daß mich das zum sofortigen Nachahmen inspirierte und ich sogleich dachte, wie einfach doch Poesie im Grunde eigentlich war. Man brauchte nur Wörter und ein Singen in der Stimme, schon konnten sich Sätze formieren, und etwas kam aus der eigenen Kehle heraus und hatte durch das bloße Aussprechen eine Bedeutung.

Im Garten ging ich dann mit dem Lesebuch des Lehrers spazieren, obwohl ich das Alphabet längst nicht beherrschte und vom flüssigen Lesen noch die Rede nicht sein konnte, tat ich so, als lese ich das Buch von vorne nach hinten tausendfach aus. Großvater saß vor dem Haus und hörte meinen lautstarken Rezitationen zu. Ich blätterte manchmal zehn Seiten auf einmal weg, weil ich mitten in der Angeberei bemerkte, wie umfangreich das Buch eigentlich war und daß es mir die Stimme ruinieren würde, setzte ich so weiter fort. Im Grunde tat ich nichts anderes in dieser ersten Schulzeit, als mir Dinge auszudenken, Rhythmen, Melodien, Wörterreihen, die sich, laut ausgesprochen, wie etwas Sinnvolles und zugleich Schönes anhörten und vor allem meinem Großvater eine ungeheuere Wichtigkeit vermitteln sollten.

Die Schule war ein *Ort der Wörter*. Und das wußte er schon sehr bald, er fragte auch manchmal danach, welches Wort ich heute nach Hause brächte und ob es nicht an der Zeit wäre, auch ihm ein paar Buchstaben beizubringen.

Voller Eifer versuchte ich, ihn mit dem Alphabet zu verkuppeln. Da wäre Großmutter doch alles andere als eifersüchtig gewesen. Aber es war ihm zuviel. Er fürchtete, mir nicht mehr entkommen zu können und den Buchstaben für immer ausgeliefert zu sein. Deshalb dachte er sich an den Nachmittagen ganz wichtige Aufgaben aus, ging Holzhacken, Holzsammeln oder schnitt die Äste unserer vielen Bäume.

Die Buchstabenfreude war in mir geweckt, angezündet wie ein Feuer, weil es diesen buchstabenfernen Großvater gab und weil ich endlich jemand eine Welt schenken wollte, die sonst einen Seelenstau in mir ausgelöst hätte. Mit der Schrift und dem Lesen kehrte etwas dem Mandelbaum Verwandtes in mein Leben ein. Es beschützte mich. Es schenkte mir eigennamige Schritte. Es wußte etwas über mich. Die Wörter sind immer wesenhaft geblieben. Sie haben sich nie davongemacht wie Menschen. Und durch sie, mit ihrer Hilfe und ihrem tiefen Leuchten habe ich zu den Menschen zurückgefunden, habe, mit Hilfe der Wörter, sogar angefangen die Menschenwelt zu lieben. Viele Jahre aber war mir das sogar ganz unnatürlich vorgekommen, die Menschen zu lieben schien sehr abwegig zu sein. Sie waren untreu. Unberührbar. Verschwanden in der Ferne. Wurden von der Landstraße und ihrem Sommerlicht versengt. Gaben Küsse und erinnerten sich nicht an sie. Kauften keine Schokolade, gaben nur ein Stückchen Haut von sich preis, eine Handbreit Liebe, und dann nahmen sie dieses kleine Eckchen Herz wieder mit. Rochen nach Abschied schon an der Türe, wenn sie die Klinke herunterdrückten und hineinkamen in unsere linoleumausgelegte Küche. Sie schritten ins Zimmer wie Könige. Und gingen wie Könige. Und ließen ihren Untertan allein zurück.

Und als Kind blieb einem nur das Armsein übrig, die Angst vor der Wiederkehr der Leute – weil sie ja doch wieder gehen würden, nicht, um wiederzukommen, zu lieben und küssen, sondern um bloße Leere zu hinterlassen, einen dumpfen Rüttelflug der Hände. Ich versuchte, die Abreisenden häßlich zu finden, unausstehlich, gar nicht lustig. Damit ihr Verschwinden erträglich wurde, dachte ich mir Namen für sie aus, Schurken, Herzköter, Großmäuler, Radebrecher, Liederdiebe. Treu blieben die Abreisenden sich und mir immer nur im Fortgehen. Und im Wegbleiben. Sie waren aus meiner Welt herausgefallen, als seien sie nie ein Teil von ihr gewesen.

Die Wörter aber blieben. Froren nicht. Waren großzügig. Waren die besseren Leute. Nahmen sich nie selbst von der

Bildfläche. Ich suchte oft nach ihnen, auf dem Mandelbaum, bei den vielen Lebensbäumen, die Großvater hinter dem Haus gepflanzt hatte. Manchmal grub ich mit den blanken Händen in der Erde, als erwartete ich dort etwas, einen großen Fund, eine Schatzkiste voller alter Dukaten, schlicht ein Wunder, das sich der Welt nur so lange zu entziehen versuchte, nur so zum Schein, bis ich es aufgetan und mich zur Entdeckerin gemacht hatte. Ich: eine Handelnde, endlich. Nicht nur wartend und horchend und den weggehenden Schritten nachspürend.

Wenn ich dabei auf Regenwürmer und andere glitschige Bevölkerer der Erde stieß, wurde mir übel, dieses Leben in der feuchten Erde war sogar an den Wurzeln der Kartoffeln und Erdbeeren noch von verschiedenartigsten Körpern bedeckt. (Wörter und Körper, immer diese fixe Idee, daß sie das gleiche *darstellen*.) Diese Zerstreuung in der Suche nach etwas Haltbarem ist mit den Jahren zur inbrünstigen (atemgleichen) Wortsuche geworden. Richtig bemerkt habe ich das allerdings so lange nicht, bis ich anfing zu schreiben.

Die Sprache schien von Beginn an selbst eine Handelnde zu sein, schlau, unabhängig von mir. Eine ganz eigene Türgriff-Besitzerin.

Das Zerstreute der Sprache gibt es aber auch.
Was tun zum Beispiel in der Liebe?

Das Zerstreute der Sprache sammeln; Veilchen darunter, ein Hut, eine Kiste Napoléon, Marina Zwetajewa; Maurice Blanchot; Gedichte – Liebeswärme und ihre Ausläufer in der Bauchnabelgegend: daß einer den Nabel küßt, der sich am Küssen vergessen kann. Sprache des Leibes, kein Mangel darin. Das deutsche Wort Leib und, wenn nur ein Buchstabe vertauscht wird, der Imperativ *Lieb!* darin. Welche Vernarrtheit ich im Deutschen entwickele, die Buchstaben zu verdrehen. Überall wittere ich innen vergrabenen Sinn, verhöhlte Hände, hinter jeder Faust, ein Land aus Seide. Ganze Gestade; Plätze in den Wörtern. Eros und Wort, eine Verkörperlich(t)ung des Äthers. Brusttöne. Atemwege. Keine Hierarchien. Nur Lesbarkeiten. Eine heidnische Lust, dem abgeriegeltesten Keller der Wörter auf die Schliche zu kommen. Im Brustton des Wissens, nicht der Überzeugung. Brustton: Kammer der Wunder und Mathematik. Präzision. Selbst in den erdachtesten Wolken. Aber was wird gesucht? Die Werkstatt der Wörter. Ihr Amboß und das Feuer darunter. Die Pferdehufe der Erinnerung. Anagrammatische Sonnenuhren, buchstabenweise.

Das Heidnische im Wesen eines sich erinnernden Menschen: als hätte es in der deutschen Sprache die optimale Heimat gefunden. Das Auskurbeln und Anwinden der Präfixe. Die Anschmiegsamkeit der Suffixe, Seinsgewänder. Die Gelegenheit, überall, an jedem Wort eine prallbusige Lilith zu sein, ein unbedürftiges, aber liebendes Adamliebchen. (S. W.s »Jungerfernhaut der Stille«, ein Sondieren des Leibes an der Luft des Wahrnehmbaren). Die Vorstellung von der deutschen Sprache als einer großen Türe. Immer wieder die Türe, und das Land der Türe, die Hinterländer der Türe, die vielen Zimmer, Gemächer, Harems, Schloßflure und arkadischen Kammern, die darauf warten, daß ich sie betrete. Mit einem Korb in der Hand. Sammeln und behüten der Wörterwurzeln. Das Gedächtnis der Wörter. Der Leib des unter ihnen wohnenden Windes. Und dann die Erinnerung an das Jahr 1983, an meine Ankunft in Deutschland. Im kalten deutschen Januar, über den ich jetzt im Etymologischen Wörterbuch des Deutschen folgendes lese: »Der Name des ersten Monats im Jahr ist entlehnt aus lat. (mēnsis) *Iānuārius*, Monat des altitalischen Gottes *Iānurāius*, des Gottes der Türen, des Ein- und Ausgangs, übertragen des ›Anfangs und des Endes‹. Der Name ist eine Personifizierung von lat. *iānus* ›Gang, Durchgang, Bogen‹, vgl. *iānua*, ›Haustür‹.«

17

Als ich das erste Mal die Entdeckung machte, daß Enzyklopädien Bäuche haben, ist es mir schwindelig geworden. Allein das Wort *Herbstzeitlose* warf mich in einen Atlantik der Winde. Daß etwas im Namen an eine Jahreszeit gebunden ist und in der Sprache doch die Karawane der Zeitlosigkeit nach sich ziehen kann, ruft einen ekstatischen Zustand hervor. Hinzu ist das ganze Wortbild auch noch eine Blume, die giftig ist und vielen Gedichten Patin war. Dabei ruhig zu atmen ist fast unaushaltbar, unmöglich, wäre da nicht dieses andere Maß. Das Maß der Wörter, das die Lunge von einer anderen Stelle aus gesund macht, stark auch, gewappnet für die Sprache. Ich gehorchte nur noch dem Zucken der lesegeleiteten Zellen, wurde eine akribische Suchende, schaffte neue Nachschlagewerke an, forschte weiter, stieß zu den Lilien vor, berauschte mich an diesen vielen Tänze tanzenden Namen, bis, den Entdekkungen per Sehnsuchtsknopf anheimgefallen, ich eines Tages zum Stift griff und das ganze Walten der Lilien niederschrieb.

Daraus ist die Erzählung »Der Lilienliebhaber« hervorgegangen; nicht einen Moment lang habe ich beim Schreiben dieser Geschichte an Jugoslawien gedacht. Aber bei meinen öffentlichen Lesungen sprach mich immer jemand aus dem Publikum auf den »jugoslawischen Zusammenhang« dieser Erzählung an (als hätte es nur in Jugoslawien Krieg gegeben und nirgendwo sonst auf unserer Erde).

Anfangs war ich ratlos, aus meiner bloßen Liebe zu den Wörtern und Pflanzen (und *in der Zwischenzeit* auch zu Menschen, als ihren Verwaltern und Mittlern) entstand eine politische Angelegenheit, eine politische Dimension sogar, die mir jedes Mal ein bißchen Übelkeit verursachte. (Wußten die Menschen nicht mehr, wie Lilien aussehen? Oder wollten sie sich nicht mehr erinnern?) Und doch mußte ich es mir eingestehen, daß die Regierung der Sprache ein größeres und schlaueres Gedächtnis hatte, als ich selbst es je hätte erdenken oder konstruieren können. Einerseits hat es etwas Unheimliches an sich, andererseits wirkt genau das andere, das mich Ruhigmachende mit: die Sicherheit, die sich aus dem Sprachraum ergibt, und daß die Sprache eine Handelnde ist.

Dabei hatte alles nur mit dem im Brockhaus georteten Wort *Herbstzeitlose* begonnen, von deren Giftigkeit ich zuvor nicht gewußt und sie erst als Patronin aller Lilien in meiner Geschichte installiert hatte. Gesehen hatte ich sie als ein sattes Sonnenuntergangsrosa. So erschien mir das Wort vor meinem inneren Auge. Geleitet von der Tiefe dieses Farbtons, ging ich mit der Empfindung einer schwimmenden Wortfrau hinein, und was ich fand, war eine Botschaft der Lilien.

Was sagten sie mir? Abgesehen davon, daß sie die eigentlichen Autorinnen dieser Erzählung sind, haben sie einen sakralen Raum des Bewußtseins in mir eröffnet, in dem das Schreiben Hand in Hand mit dem Glauben an die denkerische Fähigkeit der Farben einherging. Niemals später erlebte ich das so intensiv und fein wie bei dieser Geschichte. Oft haben sich danach Nuancierungen dieses sakralen Gefühls eingestellt, wie ein Lichtfaden zu den Sternen wirkte das manchmal, dieses Bild gab sich mir ein, war mein Führer durch die Weltgegend der Farben. Auf diese Weise bin ich schreibend zu den Sternen gereist. (Vielleicht war ich auf der Venus und habe es selbst nicht gemerkt?)

Wenn schon die Wort-Leitung zu irgendeinem namenlosen Stern solche Farben, solche Kohorten der Liebe brachte, was mochte dann wohl geschehen, wenn ich mich den schlauen Farben der Venus anvertraute! Erstaunlicherweise traf ich an einem meiner klaren Berliner Schreibnachmittage da oben die *mur-mur*-sagende Nathalie Sarraute. Da saß sie immer noch an einem Tisch, einem Pariser Kaffeehaustisch versteht sich, und war wie ich dabei, die Farben zu sortieren.

Jedes ihrer bereits geschriebenen, der Schriftzukunft anvertrauten Bücher hatte eine eigene Farbe. Da nahm ich mir ein Beispiel an ihr und erzählte ihr noch, daß ihr Leben eine große Leuchtreklame der Seele für mich sei, und sie nickte, so, als kenne sie meinen Satz schon und führe nur ihre ureigene Stille auf der Venus spazieren. Ich nahm ihr alles ab, was sie aus dieser Stille heraus sagte.

Es gab keinen Grund für einen noch so kleinen Zweifel. In der Hand hielt sie ein Zweiglein. Aus der russischen Geburt käme er, sagte sie, und ich dachte, wer hat sie nicht, die russische Geburt (und nur auf der Venus kann man sie erfahren). Wenn man bereit ist, zu den Farbwurzeln zu gehen und da das Farbmehl zu sammeln, direkt vom Boden, wie Haselnüsse aus einer vom bloßen Durchgehen satt machenden Gegend.

Ich war so überwältigt von der selbst noch im Himmel Schreibenden, daß ich sie ganz zu fragen vergaß, ob es ihr überhaupt recht war, damals nach dem Krieg, von Sartre so lautstark proklamiert zu werden. Aber sie nickte nur in meiner Vorstellung, ganz listig sah sie dabei aus, als habe Sartre nur in ihrem Auftrag gehandelt, als er einen Text in der Nouvelle Revue Française über sie schrieb, um sie berühmt zu machen. Aber auch ohne Sartre hatte Nathalie Sarraute ihre eigene Sprachfarbe und das Land ihrer Sätze gefunden.

Die Farben sind die Vorarbeiter der Buchstaben. Sie sind die Architektinnen der buchstäblichen Möglichkeit. Ohne die Farben läuft sprachlich nichts ab. Kein selbstverständliches Fließen ist möglich.

Die Formen (das Bildwesen der Buchstaben, daß zum Beispiel ein L auch eine Nase sein kann und kopfüber, bei anderer Gelegenheit, eine sieben) hängen mit der Werkstatt der Farben zusammen. Und daß der im Nationalsozialismus verordnete Judenstern gelb war, ist das gemeinste an diesem Ismus; die Niedertracht der Manipulation. Per Befehl wurde auf jede Weise die Sonne zur Todestränke geführt; per Befehl spuckten die gut erzogenen Leute auf das Gelb der Liebe, des Lichtes und der Wärme. Indem sie das taten, traten sie auch ihre eigene Würde mit Füßen, koppelten sich ab vom Zusammenhang ihres Gewissens und der Brustgegend des Menschseins. Sie schnitten einfach den Faden ab. Auf der Suche nach der Vaterliebe. Da war kein Platz mehr für das Versehen der Sprache. Das Reglement und die Abkehr vom Licht, von der eigenen Quelle der Empfindung: das törichte Begräbnis eines ganzen Volkes.
Sonst, wäre Sprache möglich gewesen, hätte das deutsche

Volk an sich selbst untergehen müssen, zeitgleich zu den brennenden Krematorien. Oder aber das Brennen wäre unmöglich geworden, zeitgleich zum vollständigen Wissen. (Sprache, das Jüngste Gericht. Unabwendbar.)

18

Die Leute haben Angst vor allem, was sie nicht kennen, und mein dachgeschmücktes z und mein Vogellandeplatz des c in meinem Nachnamen macht die Menschen schon aus der Ferne schwitzen. Mehrfach sprachen sie den Namen beispielsweise vor meinen Lesungen richtig aus, Marica schien dabei das Leichteste zu sein, hatte es ja weder Dächer noch Vogellandeplätze aufzuweisen, kaum aber daß die ungeübten Zungengymnastiker auf die Bühne oder auf ein Podium traten, brieten sie meine ganzen Buchstaben so lange in ihrem Angstgaumen durcheinander, bis auch der letzte Sinn und Klang verschwunden und dem Furchtgefälle zum Opfer gefallen war. Fürchtet Euch nicht! Ne soyez pas crainte. Das Unbekannte hat ein eigenes Alphabet. Man kann es erlernen wie das Autofahren, wie das Hosen- und Röckebügeln, wie das Putzen, das Denken, das Lesen. Das Unbekannte ist nicht das Fremde. Es ist das Neue. Das zu Erkennende. Das bereits Vorhandene. Das Wissende. Das uns Leitende. Das Eigene, ja, auch.

Die Entdeckung meiner selbst als Flußexistenz machte mich eines Tages geradezu munter. Erst zwei Jahrzehnte nach der Ankunft in Deutschland fand ich heraus, daß »Marica« im thrakischen Plovdiv der Name für einen Fluß war. Bei Ivan Vazov, in seinem Text »Die sieben Quellen der Marica«, las ich, manch ein Dichter habe diesen ruhmreichen Fluß besungen. Ja! Endlich erfuhr mein Vorname Gerechtigkeit, über den sogar eine wie ich aus Dalmatien stammende Autorin einmal sagte, das sei doch aber ein Name für richtig alte Frauen.

Damals war ich tief gekränkt, warum, kann ich heute gar nicht so genau sagen, aber ich weiß jetzt, daß der Fluß Marica in jedem Fall eine hochbetagte Dame ist und auch von Ovid besungen, also natürlich richtig alt ist. Rückwirkend nehme ich meine Kränkung zurück. Weiterhin heißt es bei Vazov über die Quellen der Marica (auch Quellen sind da!): »... Ihre schon in der ältesten Zeit bekannten Quellen haben durch ihre geheimnisvolle Unnahbarkeit von jeher die Phantasie der Menschen angeregt. Eine Fülle poetischer Erinnerung gehen auf sie zurück. Schon Ovid erwähnt in seinen ›Heroiden‹ den Hebrus (das ist die Marica), der den steilen Felswänden der ›eisbedeckten Rhodopen‹ entfließt: *Qua patet umbrosum Rhodope glacialis ad Haemum, et sacer admissas exigit Hebrus aquas.*«*

Auch auf die Gefahr hin, der Eitelkeit bezichtigt zu werden, kann ich mein erworbenes Wissen natürlich nicht dem Leser vorenthalten, so oft ist mit den kolportierenden Zungen über das Land meines Namens gekurbelt, gerüttelt und gebrückelt worden, daß es mich geradezu danach verlangt, einen Fluß zu meiner Stärkung herbeizurufen. Uns gibt es jetzt nur noch im Dual.

Und jeder, der von nun an meinen Namen falsch ausspricht, tut nicht nur einem Menschen weh, sondern vergeht sich auch noch an einem weltberühmten Fluß. Wie schön das jetzt ist, *on est bien deux!* Und keiner hat mehr eine Entschuldigung, die wichtig oder unterhaltsam genug wäre, gewürdigt zu werden.

Das Wasser, schon in den ersten drei Buchstaben, war steter Begleiter und innerer Beschützer vor dem Klangraum des an sich schönen, windverteilenden Buchstaben k; der mich aber in Sekundenschnelle zur gnadenlos daherkommenden *Marika* machte und dadurch einen unangenehmen Geschmack offenbarte, als sei eben dieser sonst Himmel, Wind und Erde mittelnde, ja verbindende Buchstabe k mit einem Mal eine Mistgabel geworden, die sich in meinem Sinngefüge niederließ, die Bäuche der anderen Buchstaben aufspießte und das Lachen unmöglich machte.

Eine Art Lähmung, Ohnmacht auch verschaffte sich in diesen Momenten ein eigenes Land in mir. Meine Verteidigung, das Aussprechen des c, das Verweisen auf den slawischen Namen, die Bitte ums richtige Aussprechen schienen nur noch mehr das Land des an sich unschuldigen k zu etablieren. Wie eine Installation wirkte es nun in mich hinein; daß ich meinen Namen einzufordern versucht hatte, blieb als Schwäche in mir zurück. Gestutzte Flügel und ein Gefühl von Verlorenheit. Kindlich gedacht, machte sich ein neuer Zorn, aber noch hilflos, in mir breit: *Jean und Jeanne, Jules und Jim* werden ja auch nicht buchstabenweise zu einer unfranzösischen Wiese gemacht, die man mäht, bevor es Zeit ist, sie zu mähen. Die Franzosen haben es gut, kam mir oft in den Sinn. Auch das Banalste ist ihnen wichtig, und die anderen spüren das, respektieren und honorieren es mit einer richtigen Aussprache. Allein das Beispiel der Catherine Deneuve, selten noch ein Banause, der das *e* im Sprechen mittrüge. Und wehe, es wird das e gesagt und ein Franzose hört es.

Die einstigen Jugoslawen hingegen: sie stehen so verloren in der Welt herum, geben schon durch ihr bloßes Verlorensein die Erlaubnis zur Verschandelung. Und wenn dann einer dahergelaufen kommt, ihren Namen mit der Zärtlichkeit des Ursprungs ausspricht, also einfach nur richtig, werden sie gleich romantisch und freundlich, geben sich bis zur Selbstaufgabe hin. Und vergessen dann natürlich, daß die Welt hin und wieder auch aus Schurken besteht. Aber daß ihr Name richtig gesagt wird, verschafft ihnen schon einen Luftaltar, auf dem sie die Oblaten der Würde zu sich nehmen.

Der *Name* und die *Würde* sind ein Wortfeld, die unabdingbar zueinander gehören. Will man einen Menschen bloßstellen, dann braucht man nur den Satz zu sagen, ach Sie sind, warten Sie, Sie dürften Walter Rocher sein. Nein, sagt dann der Gemeinte, aber fast, ich heiße Robert Loher. Oder, genauso demütigend, Sie sind also Schriftstellerin, na dann sagen Sie mal, wie Sie genau heißen, sagen Sie mal jetzt ihren Namen ganz laut, aber bitte langsam, damit *wir* verstehen, wie *das* nun ausgesprochen wird.

Haut und Name, mit einem Mal unbeschützbare Nacktheit. Stehen da nebeneinander wie Arbeiterkinder bei einem anachronistischen Adelsbankett. Ausgeliefert den Vorstellungen der anderen: daß es das Fremde gibt und das Eigene. Immer wieder trägt die äußere Welt das an mich heran. Das eine Hier. Das andere Dort. Das großgelobte Dazwischen. Und daß man sich am besten doch dort einzurichten wüßte, als sei nicht im wesentlichen alles dazwischen. Auch mein Name, ein Dazwischer von Welt und Luft. Von Mutterschmerzen und Vaternöten. Eine Reminiszenz meines Großvaters an seine Frau, Mara. Ihr zu Gedenken, mein Name, erweitert, umpflügt vom Meer der Patronin Maria. Das ungarische c darin, mein Anrecht auf Eigenständigkeit. Mein Muß für ein anderes Leben als das schwere der arbeitsamen, in allem friedfertigen Großmutter, die starb, als ich gerade zwei Jahre alt war und das Gehen erlernte.

(Fuad Rifkas Gedicht: »Ein Wort«. Wie es daliegt, am Bettrand meiner Erinnerung und dem Tischbein des Jetzt, in der Innerlichkeit des Buches, und mich daran erinnert, daß es auf, in und unter den Steinen und Wörtern ein Lebendiges gibt, ein Luftland der Liebe. *Seit Tausenden von Jahren /*

*auf dem Stein / im alten Tempel / das Wort. / Winde, / Schnee,
/ Regengüsse, / Sonnen. // Auf dem Stein / wacht wärmend
das Wort / entzündet der Leuchter.*
Ein Wort: der Name der Welt. Jedes Wort einzeln: eine einzelne, für alles stehende Welt. Und daß niemand, denke ich,
diese Kraft hat, den Namen der Welt zu übermalen, sooft er
es auch versuchte.*)*

Großmutter konnte nicht schreiben. Am Alphabet konnte
sie sich also nicht festhalten. Die Wörter waren für sie Jahreszeiten, Winde, Schnee, Sonnen, und die tagein, tagaus an
sie geknüpfte Feldarbeit, die Maisernte, die Kartoffelernte,
der Wein, die Rüben, die Bohnen, die Tomaten. Das Leben
außerhalb und innerhalb der Winde. Das Gehen im Wetter. Vom Wetter gestützt. Es lag nach einem schweren Tag
auf den Feldern und in den Gärten nie ein Buch auf ihrem
Tisch. Selbst die Bibel war ihr bloß ein Land aus unlesbaren
Zeichen, Absätzen und nur dem Augenwirbel des Pfarrers
vorbehalten. Meiner Mutter gab sie vom ersten Moment
an ihre Wärme wie andere einem Birnen oder Äpfel in die
Hand drücken. Sie wußte, wie man Menschen ankommen
läßt. Nie hatte sie mehr von der Welt als das dalmatinische
Hinterland gesehen. Trotzdem war sie eine Menschen-
Lesende, kannte die Sorgen und Nöte ihrer Nachbarn, verstand gleich, wenn sie gebraucht wurde, war fähig, etwas
von den nervösen Zuständen der Nachbarinnen in Heiterkeit aufzulösen. Freundinnen hatte sie keine. Freundschaft
gehörte zum Bereich des Luxuriösen. Wenn auch die Zeiten

schwer waren, öffnete sie ihre Türe und teilte auch das wenige, was sie besaß, genauso wie mein Großvater. Beide hatten sich eine harte Epoche ausgesucht, um auf der Erde jemand mit einem Namen und ein Mensch zu werden.

Für den heiligen Antonius von Padua hatte sie eine eigene Art von Liebe entwickelt. Dessen Namen kannte sie, dessen Taten hielt sie wie etwas Verbürgtes in Ehren, obwohl sie nicht allzuviel über ihn wußte. Sie vertraute auf seine Hilfe, und Antonius war für sie auch immer zur Stelle, half, wo auch immer er konnte.

Er war der Patron der Armen, der Liebenden, der Eheleute (als seien Liebende und Eheleute zwei verschiedene Kategorien, führt man sie bis heute getrennt voneinander auf), der Patron der Bäcker, der Bergleute und Reisenden, war auch zuständig für eine glückliche Entbindung, für das Wiederfinden verlorener Dinge, gegen Unfruchtbarkeit, Fieber, teuflische Mächte, Schiffbruch, Kriegsnöte (hatte also viel zu tun bei uns), kümmerte sich um die Pest und heilte alle Tierkrankheiten. Für meine Großmutter war er aber völlig überqualifiziert und schlicht nur auf dem Gebiet des Wetters von ihr beschäftigt.

Das, begriff ich schon als Kind, traf auf die meisten der Dörfler zu. Sehnsüchtig wartete man schon ab der Mitte des Frühjahrs auf Regen, der die Felder durchtränken und die Ernte sicherstellen sollte. Kam der Regen nicht, und er ließ jedes Jahr mit einem neuen Grund auf sich warten, blieb nur noch die Hoffnung auf den heiligen Antonius.

Wenn es aber *an seinem Tag*, am dreizehnten Juni, nicht geregnet hatte, kam ein langer heißer Sommer voller Verzweiflung. Hatte es am dreizehnten Juni nicht geregnet, konnte nicht einmal mehr ein Zauberer gegen die aufkommende Trockenheit etwas ausrichten. Aber dieser Zauberer wäre der heilige Antonius gewesen.

Ein Schnapsglas benutzte Großmutter Mara als Vase, stellte Antonius zwei, drei Mal in der Woche Wiesenblümchen vor sein sanftmütiges Gesicht. Die Blümchen bringt sie von den Feldern hinter dem Dorf mit. Und ihr Rocksaum singt, wenn der Wind sich an den Stoff macht vor den Augen ihrer Kinder und Enkel. Das Gesicht des Heiligen sieht sie lange und prüfend an. Zugleich vertraut sie sich diesem Gesicht an. Als sei er ein Mittler, jemand, der weiß, wer sie in Wirklichkeit ist. Der weiß, daß ihr Beginn woanders beginnt. Der ihren Namen kennt. Und der einen Lilienzweig trägt.

Erstaunlicherweise entdeckte ich vor kurzem auf diesem kleinen runden Bild des Heiligen, das sich über die Jahrzehnte gut erhalten hat und nun in meiner Berliner Wohnung hängt, hinter Antonius eine Moschee. Wie hat bloß dieses Gebäude auf sie gewirkt? Vielleicht wie etwas, das die Lilien beatmete und das wohl deshalb einfach so im Inneren des Bildes entstand. Natürlich glaubt der Betrachter erst, eine Kirche vor sich zu sehen. Je genauer er aber darauf schaut, um so entschiedener sieht er diesen der Istanbuler Hagia Sophia ähnlichen Bau. Und daß es auch darin keinen Zufall gibt, ist wieder einmal erschlagend schön (blau-himmlisch, so blau wie der Himmel im August).

Großmutter hatte keine Bildung und verfügte über kein geschichtliches Wissen. Ihre Liebe für den heiligen Antonius war auf dieses eine Bildchen reduziert. Aber das Gebiet, auf dem sich diese entwickeln konnte, waren ihre eigene imaginäre Landschaft, Kraft, Vorstellung und Glaube. Mir kam Antonius, obwohl mit einer braunen franziskanischen Kutte bekleidet, nie wie eine katholische Ikone vor. Er schien ein Verwandter der Bildwelt zu sein, ein Familienangehöriger der Lilien. Ein Traumraum, verschwistert mit sich selbst.

Daß er von der Bildkunst seit dem Mittelalter verehrt wurde, wußte ich lange nicht und hatte auch keine Ahnung davon, daß sich diese Verehrung im Zuge der Gegenreformation auf die anderen Länder Europas ausweitete.

Eigentlich hatte ich im stillen daran geglaubt, Antonius sei eine Erfindung meiner stillesuchenden Großmutter und er sei lediglich eine gemalte, ins Bild gebannte Kraft. Mir wäre im Traum nicht eingefallen, daß Heilige Menschen wie alle anderen sind, mit einer Biographie, einem richtigen Geburtsort, einem richtigen Geburtsdatum. Nie hatte jemand auch nur eine Andeutung gemacht. Da die meisten Heiligen mit Blumen dargestellt waren oder in der Umgebung von Engeln, hielt ich sie für Verwandte der Pflanzen und des Himmels; aber daß sie vielleicht Röteln hatten, husten mußten oder an Fieber litten, auf diesen Gedanken wäre ich nie von alleine gekommen.

Die Darstellung des heiligen Antonius mit dem Christus-knaben auf dem Arm habe ich erst dreißig Jahre nach Groß-mutters Tod zu Gesicht bekommen. Antonius, dieser von sengender Sonne beschirmte Name aus der frühen Kind-heit, wurde ohne meine Absicht zu einem Wesen, das mei-ne Erinnerung noch immer umsäumt und von dem ich, so dachte ich es eines Tages, dann auf eine eigenartig logische Weise abstammen mußte. Denn stammte nicht alles, also auch ich, mein eigener Name, von der Erinnerung selbst ab? Unter diesem Blick- und Flugwinkel der Gedächtnisvögel müßte es einerlei sein, ob ich von Bildern oder Menschen herkomme.

Die Statue des heiligen Antonius von Padua, auf der er den Christusknaben innig in seinem Arm hält, wird mit dem Durchwandern der Bilder mehr und mehr *eins* mit meiner Großmutter, von der mir erzählt wurde, sie habe den Men-schen einen beseelten Blick »gemacht«, anfangs, als das Le-ben ihr mehr gab als die Felder, die Kinder und die auf dem Land nimmer aufhörende Arbeit.

Niemand hatte mir je in der Kindheit von Antonius' Wundertaten oder seiner Predigt zu den Fischen erzählt, und heute, da ich Kenntnis davon habe, glaube ich mehr und mehr daran, daß meiner Großmutter all das egal gewe-sen wäre. Auch wenn sie es gewußt hätte, sie wäre weiterhin zu diesem kleinen Bildchen gegangen, Blumen vor es set-zend, als Zeichen ihrer Liebe und Treue.

Am ehesten noch hätte ihr wohl die Geschichte mit dem hungernden Maulesel gefallen, eine Legende, nach der Antonius dem Tier eine Hostie vorhielt und dieses nur Augen dafür hatte, die Hostie anbetete, obwohl es auch das Futter hätte haben können, von dem sein Leib abhing, sein Magen, sein Leben.

19

Die deutschen Wörter waren früh das Zeichen der Liebe. Der Vater sagte sie zur Mutter. Die Mutter zum Vater. Dann beide, zeitgleich, zueinander. Wie Verbündete des Atems. Aufgeperlte Liebe. Dann der Abschied. Schweres Herz nach so viel Elternhaut und Wörternähe; nach der Nachbarschaft der Elternsonne. Sie nahmen sie wieder mit, fort aus dem großen Haus, in dem ich mit einem Mal fast ruckartig noch kleiner wurde. Unter der Bettdecke war freilich nichts mehr von ihnen zu finden. Kein Wort, kein Komma, nicht das kleinste Atemsemikolon. Auch die Wärme war entschwunden. Die Wärme, von der das Kind annahm, sie lebe doch ewig, sich verbreitend in jeden anderen noch kommenden Augenblick. Aber daß die Wärme sterblich war, verfugte die Wörter zu Wänden.

Das Sterben der Wörter: Nein, wenigstens das konnte und durfte es nicht geben!

Die Füße der Eltern hatten alles wieder mitgenommen. Nun gut. Wo vorher Küsse gewesen waren, wohnte nur noch die Leere. Nun gut. Welche Einsamkeit mit einem Mal in dem Schlafzimmer wohnte, in dem auch eine Zeitlang mein Bett stand. Ich horchte herüber, zu den Elternworten. Nun gut. All das war mit ihren Körpern und Koffern entschwunden. Aber in meinem Gedächtnis gab es ein Gedicht. Die Gegenwart der Erinnerung. Die beiden hatten gekichert, gegluckst. Das Kind verzweifelte an ihrer Zweisamkeit, an ihrer Überlegenheit, eine Welt für sich zu haben und sich in ihr sogar mit den Wörtern des anderen Landes auszukennen. Und lange schien es ihm, die Liebe und die deutschen Wörter seien eins. Das Lieben nur mit eratmeten Wörtern möglich. Eigenartige Wendung, einige Jahre danach, riefen Vater und Mutter ausgerechnet immer nach mir, wenn es irgendwelche Briefe der deutschen Behörden, des Wohnungsamtes beispielsweise oder der Telefongesellschaft zu entschlüsseln galt. Eifrig bot ich meine Hilfe an, schrieb Briefe an Ämter, fälschte auch mal die Unterschrift der Mutter, damit der Brief rasch seine Reise antreten und das Anliegen der Eltern klären konnte. Auch das krudeste Beamten-Wort wurde eine Signifikanz. Es mußte auch in solchen Wörtern eine lichtvolle Quelle geben. Die Schönheit ihrer untergründigen Idee.

Das Wissen. Mit ihm: die Möglichkeit meines Könnens. Die Welt der Eltern, endlich konnte ich sie selbst vergrößern. Mit dem Verstehen aller aneinandergereihten deutschen Buchstaben. Mit ihrer Bildhaftigkeit und Lust. Jahr für Jahr wuchs das Deutsche heran, wurde ein Schutzschild, gegen die Sehnsucht nach dem Großvater, nach dem Dorf, nach den dortigen Kindern, die jedes Mal zur Ferienzeit fremder und fremder wurden, sich ausließen über meinen neuen Ton, über die Lücken in meinen Sätzen. Schließlich, als Jugoslawien längst zusammengebrochen war, sagte einmal eine meiner Tanten, ich rede ein Kroatisch, das es so gar nicht gebe; heute.

Mit Büchern hatte ich das Deutsche erlernt, mit der Vorstellungskraft, die mir zu einem Wissen verhalf, das nirgendwo nachzuprüfen war. Die Muttersprache starb gleich zweimal. Ging dennoch ein in eine neue Zeit; so wie wohl Menschen eingehen in etwas, wenn der Tod sie holen kommt. Und wieder hieß es, dies und das sage man so, betone es so, verwende es in diesem Zusammenhang, mache sich aber schon im nächstbesten verdächtig.

Plötzliches Krückentragen zwischen den Wörtern, in den Wörtern und am Ende eines jeden Satzes. Jedes muttergeborene, erstsprachliche Wort war im Handumdrehen ein hilfsbedürftiges Wesen geworden, dem ich mich neu öffnen mußte.

Auch in den Träumen verweigerten sich die kroatischen Wörter. Nur das Deutsche stand klar in den Traumsätzen sein eigenes Spalier. Deutsche Bilder. Kein Unterton. Mein Leben. Ein Gramm innerster Zeit.

Nachweise

Seite 13
Filomena war als Figur in meinem Roman *Das Gedächtnis der Libellen* angedacht. *Oktober 2016*

Seite 54
Den hier erwähnten Künstlern fühle ich mich nur ästhetisch und in der hier beschriebenen Zeit verbunden – die später entwickelten politischen Haltungen dieser Menschen teile ich nicht. *Oktober 2016*

Seite 128
In: Marica Bodrožić. *Ein Kolibri kam unverwandelt*. Gedichte.
© Otto Müller Verlag, Salzburg 2006

Seite 159
»Soweit ringsum sich erstreckt die eisige Rhodope, Hebros/Heilige Wasser ergießt, schattig der Haimos sich dehnt.«
In: *Ovid. Brief der Leidenschaft. Heroides*. Im Urtext mit deutscher Übertragung herausgegeben von Wolfgang Gerlach.
© Ernst Heimeran Verlag, München 1952

Erstmals erschienen 2007 bei edition suhrkamp,
Suhrkamp Verlag, Frankfurt am Main.

Diese Arbeit wurde mit einem Stipendium des
Else-Heiliger-Fonds und der Konrad-Adenauer-Stiftung gefördert.

Penguin Random House Verlagsgruppe FSC® N001967

2. Auflage
Genehmigte Taschenbuchausgabe Oktober 2016
btb Verlag in der Penguin Random House Verlagsgruppe GmbH,
Neumarkter Straße 28, 81673 München
produktsicherheit@penguinrandomhouse.de
(Vorstehende Angaben sind zugleich
Pflichtinformationen nach GPSR.)